# 爸爸在这里

## 女儿，请允许我用这种方式陪伴你

袁卫星◎著

U0831395

BABA ZAI ZHELI

山西出版传媒集团　山西教育出版社

图书在版编目（CIP）数据

爸爸在这里：女儿，请允许我用这种方式陪伴你 / 袁卫星著.
— 太原：山西教育出版社, 2014.8
ISBN 978-7-5440-5419-5

Ⅰ. ①爸… Ⅱ. ①袁… Ⅲ. ①女性－家庭教育 Ⅳ. ①G78

中国版本图书馆CIP数据核字(2014)第075272号

爸爸在这里：女儿，请允许我用这种方式陪伴你
BABA ZAI ZHELI：NÜ'ER,QING YUNXU WO YONG ZHEZHONG FANGSHI PEIBAN NI
袁卫星　著

| | |
|---|---|
| 出 版 人 | 雷俊林 |
| 总 编 辑 | 刘立平 |
| 发行总监 | 王永江 |
| 策划编辑 | 潘　峰 |
| 责任编辑 | 王爱仙 |
| 复　　审 | 潘　峰 |
| 终　　审 | 张沛泓 |
| 装帧设计 | 薛　菲 |
| 助理设计 | 崔文娟 |
| 印装监制 | 贾永胜 |
| 出版发行 | 山西出版传媒集团・山西教育出版社<br>（地址：太原市水西门街馒头巷7号　电话：0351-4035711　邮编：030002） |
| 印　　装 | 晋中市万嘉兴印刷有限公司 |
| 开　　本 | 787×960　1/16 |
| 印　　张 | 15 |
| 字　　数 | 199千字 |
| 版　　次 | 2014年5月第1版　2014年8月山西第2次印刷 |
| 印　　数 | 10001-30 000册 |
| 书　　号 | ISBN 978-7-5440-5419-5 |
| 定　　价 | 29.80元 |

如发现印装质量问题，影响阅读，请与印刷厂联系调换。电话：0354-3961630

# 目录

## 第二辑　生日书：爸爸在下一个路口等你

## 第三辑　祝福信：整个世界都已经为你打开

## 序一
# 做陪伴孩子成长的好父母

朱永新

三岁看大，七岁看老。无论是否愿意，父母都是孩子的第一任教师。家庭是社会的细胞，无论是否重视，推动摇篮的手都在事实上推动着世界。自古以来，人们就深知家庭教育对人的一生至关重要。在这个转型时代里，面对日益纷繁复杂的社会环境，面对应试教育对人性的禁锢甚至残害，家庭教育更是显示出它前所未有的作用。卫星的这本《爸爸在这里——女儿，请允许我用这种方式陪伴你》，以现身说法的方式，为父母们提供了许多启示。

是的，父母的教育素养决定了孩子的精神高度。这并非要求父母都是天才，而是父母如果希望孩子能够在成长过程中充分发挥其潜能，父母就必须积极提高自身素质，尽可能多地陪伴孩子，和孩子一起成长。为此，父母应该做些什么呢?

**理想的父母，应该把孩子的人格健全、道德完善放在首位，努力培养孩子追求卓越、独立自主、持之以恒、勤俭节约等个性品质和良好习惯。**

古代的司马光曾把人分成四种类型：有德无才，有才无德，无德无才，有德有才。古今中外的许多教育家都认为，对孩子发展来说，人格和道德是第一位的，人格发展和道德完善的意义远远胜过智力的开发。其实，无论对于社会还是对于家庭来说，如果培养出的孩子在人格与道德上有重大欠缺，那么即使孩子再聪明、再能干，也只能成为家庭和社会的阻碍者甚至破坏者。所以，父母在教育中要充分重视健康科学教育目标的树立。

**理想的父母，应该永远保持年轻心境，懂得把童年、童心还给孩子，让孩子轻松、自由、愉快成长。**

孩子的天真是人生不可复得的财富，是至真至美的人性花朵，也是人类未来的最纯、最净的温床。充分享受天真乐趣的儿童才能有健全的心性、完善的人格和发达的思维。做父母的要像爱护眼睛一样爱护孩子的天真。童心是童年生活最真实的镜子，天真无邪，纯洁无瑕，未受污染。只有童心，才能敞开胸怀接受；只有童心，才能满怀兴趣探索；只有童心，才能袒露内心世界；只有童心，才能毫无掩饰地表露心迹。育人的关键是育心。父母不要把世俗的、庸俗的东西教给孩子，父母教孩子善于伪装、掩饰、讨好，无疑是在扼杀孩子的天性。



**理想的父母，应该善于发现孩子的天赋，善于挖掘孩子的潜能，善于培养孩子的特长。**

父母要想发现孩子的天赋、潜能和特长，最重要的一个原则是父母要鼓励孩子勇于表现自我，父母要善于观察孩子在各种表现中展露出来的风采。如果父母强迫孩子沿着自己预先设定的方向发展，往往是“有心栽花花不开”，所以父母必须尊重孩子的兴趣与自身的选择，鼓励孩子在不断尝试中发现和找到适合自己的东西。父母要想发现孩子的天赋、潜能和特长，还必须注重孩子的早期开发，把握孩子成长关键期，如语言学习最好在12岁以前进行等等。除此之外，父母还应该坚定不移地相信孩子。新教育的重要理念之一就是“无限相信师生的潜力”。每一个孩子都有他的天赋和潜能，他来到这个世界必然有他存在的价值和无限发展的可能性。

**理想的父母，应该以大朋友的平等身份来对待孩子，而不是以长辈的身份来压制孩子或以棍棒的方式教训孩子。**

在家庭中，父母的教养方式以及父母对子女的态度是影响子女人格发展和个性形成的重要因素。民主型家庭的家长往往是以一个孩子可以依赖的大朋友的身份出现在家庭中的,他们给予孩子发展兴趣和爱好的自由,能经常和孩子交流对各种事物的看法,常常对孩子表示信任,即使考试失败也会给予孩子热情的鼓励。许多父母认为只有打骂才能使孩子成才,却不知道这样做会给孩子带来许多不利后果。如孩子间的斗殴往往就是从父母那儿学来的,是用一种暴力制服另一种暴力。

**理想的父母,应该能创造和谐的家庭关系,能以身作则,一诺千金。**

古人云:君子一言,驷马难追。古代广为流传的"曾子杀猪"的故事告诉我们,一诺千金不仅仅是简单地兑现某个行为,更重要的是培养孩子遵守诺言的信用意识。在家庭中,父母对子女一定要努力做到一言九鼎,言而有信。守信是个人安身立命的重要资本之一。越是在诚信缺失的环境里,守信的人就越是珍贵。这个非常重要的品质,可以说是无价之宝。

**理想的父母,应该永不对孩子失望,绝不吝啬自己的表扬和鼓励,绝不使用侮辱性批评。**

在教育子女的过程中,很多父母都十分吝啬自己的表扬和鼓励,他们不知道自己的表扬和鼓励会对孩子有多大的激励作用。其实,每一个孩子都是非常在乎表扬的。对于他们来说,父母的一个微笑、一个赞许、一种肯定都会激起他们非常强烈的情感,扬起他们希望的风帆。当孩子失望时,父母的一声鼓励"你行,你一定行",会让孩子重新振作起来。只有使孩子充满自信,才会使他们在生活中不畏惧挫折。所有的孩子都有最适合他们表演的舞台。

**理想的父母,应该善于学习,具有教育理性和自觉性,善于利用各种教育情景,富有教育机智。**

没有接受过系统教育、科学训练的父母,正如一个没领到驾驶执照的司机一样,如果匆匆上路,必然会产生不良后果。印度圣雄甘地有一个儿子。青年时期,甘地由于忙于自己的事业而没有管孩子。等他意识到要好好教育儿子的时候,儿子已经长大并且走上歧路,怎么改也改不过来了,为此他悔恨终身。圣雄尚且如此,何况普通父母?由此可见,父母们主动及早地掌握全面系统的家庭教育理论、积极提高自我素养是十分重要的。

**理想的父母,应该努力配合学校、社区对孩子进行全方位、多层次的教育,从而促使孩子健康、快乐成长。**

现在的家庭和学校之间的接触与联系,主要靠网络、飞信等,传统的家访活动基本上已经非常少见。这样的交流,使父母很难深入地了解孩子在学校里的整体情况,在相当大程度上影响了对学生的教育成效。所以,父母应主动地常与学校老师进行沟通,既不能完全听从于老师,也不能固执己见,应努力成为学校、老师和孩子的"中间协调人"。此外,社区是孩子生活的场所,社区秩序的好坏、工作开展得如何,直接影响孩子的成长。父母要以主人翁的姿态积极参加社区的建设,帮助社区营造适合孩子成长的良好环境。

当年,卫星以教师的身份捧出《生命课——一个教师的教育手记》,让很多教师为之赞叹。今天,卫星以父亲的身份捧出《爸爸在这里——女儿,请允许我用这种方式陪伴你》,相信同样会让许多父母感动。当年,卫星的女儿还是一个刚刚读小学的女孩子,今天,已经是一位漂洋过海的留学生了。我曾经用"煽情水"形容卫星文字的感染力,那还是指他作为教师的教育笔记。而他是一个特别重视亲情、关注生命的人,所以这本书除了教育理念之外,还浸透着他真挚的情感。

孩子是父母生命的延续。一代更比一代强,不仅是天下父母的共同心愿,也是人类发展的必然要求。我相信,当人们都像卫星呼吁的那样努力做陪伴孩子成长的父母时,我们就已经创造出了天生我才必有用的世界。

于北京滴石斋

(朱永新,全国政协常委、民进中央副主席、中国教育学会副会长、新教育实验发起人)

# 序二
# 今天怎样做父亲

王定华

改革开放以来，随着经济社会发展，家庭教育越来越受到重视。家庭成员的思想素质、文化素质、身体素质等决定了整个社会的发展程度，一个家庭的文明程度决定着整个社会文明的程度。可以说，没有良好的家庭教育，就不可能有良好的社会道德之风。 

在社会各方面的共同努力下，我国家庭教育正有序开展，一些家庭教育理念落后、教育方法单一的问题正得到解决。越来越多的家长认识到，孩子是家庭的，也是社会的、国家的；家长教育子女，应该遵守一定的规范，不能盲目相信那种“不让孩子输在起跑线上”的忽悠，要尊重儿童成长的规律，人的成长犹如长跑，起跑的早晚并不决定他一生的成功，孩子“错在起跑线上”比“输在起跑线上”更糟糕；什么虎妈、狼爸、鹰舅，以凶猛的野兽冠名，动物咆哮式的做法是不可取的；父母也是老师，家教也是学问……

但一个突出的问题是，由于中国传统的“男主外，女主内”、“严父慈母”等观念，导致父亲忙于工作而疏于家庭教育，导致父亲与孩子的心理疏远甚至对立，导致该由父亲来实施、体现父亲人格的父性教育的严重缺失。这大概也是

“爸爸去哪儿”这类亲子影视得以火爆的原因吧！

爸爸去哪儿了？爸爸在这里！

本书作者袁卫星对于“父亲如何履行自己的家庭教育职责”这个问题作出了响亮的回答。

在《爸爸在这里——女儿，请允许我用这种方式陪伴你》这本书中，作为生命教育专家、教授级中学高级教师的他提出了“精神陪伴”的概念。的确，中国式父亲目前对孩子教育最缺的就是时间上的陪伴，而要解决这个问题，并不是一件十分容易的事。那么，能不能换一种方式陪伴孩子呢？写一封书信来陪伴，打一通电话来陪伴，谈一席话语来陪伴……诚如他的女儿在文章中所说：“对于一个成长中的孩子来说，物质上的照顾、学习上的督促、生活上的关心，固然是我们所需要的，但是，灵魂处的陪伴、精神上的引领也许更加需要。”

在《爸爸在这里——女儿，请允许我用这种方式陪伴你》这本书中，我们可以读到作为父亲的袁卫星对他女儿的全方位的影响，尤其表现在以下几方面：

一是对孩子的生命意识唤醒、公民意识形成和道德行为养成起着教导作用，包括对真善美、假恶丑的价值判断，比如“家庭课”中的“没有哪个生命是毫无价值的”“是你管理着自己的健康”“让脸蛋保持微笑的温度”“不违法是行为的底线”“用信仰驯服内心的孟加拉虎”，等等。

二是对孩子的成长有着言行举止、观念态度等方面的道德示范作用，比如“生日书”中的“我们都是幸存者”“走向生命完满的旅程”“拥有本质、恒久的幸福”，等等。

三是对孩子健全人格的奠基、健康情绪的疏引、科学思维的指导，比如“祝福信”，邀请多位父辈、母辈朋友为孩子写信祝贺生日，引导人生，则简直是一份大礼，一个创举。

袁卫星深谙，孩子的成长，需要的不仅是知识的增加，更是行为习惯的养成、道德品质的培育。因此，无论在他的“家庭课”还是“生日书”中，他都主动地承担起父亲的责任，以循循善诱的方式、春风化雨的姿态、语美文丰的表述，呈现出他独到的人格魅力，成为孩子的精神引领者和灵魂守护者。

同时，他还坚持儿童为本、家长主体和多项互动原则，将他的孩子视为具有自我发展能力的能动个体、生命体，而不再仅仅是一个学习知识的认知体；将他自己视为集养育者、教育者、学习者为一体的主体，尊重孩子、关心孩子、理解孩子、帮助孩子全面发展；改变与孩子的交流方式，力求新颖别致，变单一灌输为孩子参与，变单纯说教为日常渗透。

我的孩子虽然已在北大读四年级，但作为一个父亲，这本书仍给我诸多启发。今天我们怎样做父亲？我坚信，只有像袁卫星那样成为孩子的良师益友，和孩子分享生活点滴，为孩子提供人生经验，与孩子平等对话，伴孩子共同成长，才能给孩子，也给自己幸福的一生。

袁卫星是江苏省苏州市教师发展中心的一名研究员，由于工作需要，目前在教育部办公厅锻炼。得于这样的机缘，我认识了早已熟悉了的文字背后的他，并乐意为他的书稿写序。青少年是社会主义事业未来的建设者和接班人，青少年的健康成长决定着国家和民族的前途与命运，也事关家庭幸福与美满。在“立德树人”的今天，我们的教育——当然也包括了家庭教育——迫切需要培养青少年树立正确的世界观、人生观和价值观。我希望更多的家长，特别是做父亲的，都和孩子一起来读读这本好书，读到感动，读到思考，读到成长。

是为序。

于北京大木仓胡同

（王定华，教育学博士、教授，教育部基础教育一司司长，中国家庭教育学会副会长）

# 序三
# 父爱是可以这样表达的

袁晓可依



我的爸爸是一名教研员。在任教研员之前，他做了10多年的语文老师。我看过他的学生在网上对他当年教学风采的描述，说他能在课堂上写诗，说他讲《雨中登泰山》能讲到徐志摩、陆小曼、林徽因，说他能把一帮男生诱引得高考一毕就去苏州游园听昆曲坐夜航船……还说他理着板刷头，爱穿牛仔裤，往教室里一坐，活像一个大男孩。

后来他因为工作需要离开了学校，离开了讲坛，我就成了他唯一的"学生"。他常常给我上"家庭课"，一上就是一两个小时，甚至大半天。不过他极少给我讲语文讲课本，常常是清茗一杯，话题一个，随便扯来，任意东西。比如汶川地震发生后，他就连续和我谈论过这样的话题："我们都是幸存者"、"生命只有一次"、"责任也是一种本能"、"感恩是一种循环"……北京奥运会，当开幕式上，中国代表团持旗手姚明和抗震救灾小英雄林浩大手牵小手走进"鸟巢”主会场；当赛艇现场，几经波折、终获参赛资格的伊拉克运动员由于没有比赛服，穿着自己的旧T恤衫持桨奋力；当领奖台上，德国选手马蒂亚斯·施泰纳手持金牌、鲜花和因车祸去世的妻子的照片，哽咽说出“我的金牌首先要献给我的妻子”……的时候，爸爸的话题就油然而生。我从这一堂堂的“家庭课”中学会了“让脸蛋保持微笑的温度”，学会了“选择与放弃”，懂得了“人生而平等”，懂得了“我很重要”，甚至悟出了一点点“向死而生”、“孤独宁静”的真谛……

除了给我上“家庭课”，每一年我过生日，都会得到他一份特别的礼物，那就是他给我写的长长的“生日书”。从《几点心愿，不尽祝福》到《生命只有一次，青春永不回头》，从《写好一个人并不难》到《考试是一次总结，但不是终结》，从《拥有本质、恒久的幸福》到《走向生命完满的旅程》……字里行间，我读到了幸福、健康、爱情、死亡、艺术、尊严、友谊、宗教、责任、诚信、权利、义务、公正、优雅等人生话题，学到了课本上、学校里难以学到的哲学、心理学、成功学知识，更重要的是，读到了他深切的表达、亲情的寄托。如今，我虽然远在异国他乡，但还是把这些纸短情长带在身边。在无数个青灯黄卷的夜晚，我展开它们，从那里一次又一次地领受爸爸那无偿且无价的馈赠。对于一个成长中的孩子来说，物质上的照顾、学习上的督促、生活上的关心，固然是我们所需要的，但是，灵魂处的陪伴、精神上的引领也许更加需要。这种陪伴、这种引领能使我超越生命的长度、拓展心灵的宽度、增加灵魂的厚度。常常在和爸爸用文字作灵魂交流、精神分享的时候，我会发现，蓓蕾初成、芙蕖临波、秋英染金、梅映雪香，生命在其中，美得像一场花季；红光暖尘、日影横江、风驰萧萧、雨洗新色，生命在其中，美得像一幅图画。

在我大三春假回国实习的当口，爸爸征询我的意见，说应出版社以及诸多朋友的邀请，想把他写给我的“生日书”，连同我15岁（时读高一）生日时，他请他的好友知己、我的叔叔阿姨们给我写的“祝福信”，以及他从长长短短100多个“家庭课”录音中整理出来的稿子结集出版。我毫无反对的理由，相反，充满期待地希望读到这本册子。因为，经过时间的梳理，这些“家珍”中沉淀下来的东西，正是我一辈子所需要的。我愿意一次又一次地走近它、走进它，去体会炉火的温暖，去感知父爱的伟大。这让我想起一个关于“爱”的寓言故事：某年某月的某一天，孤岛即将陷落。孤岛陷落前，岛上所有的居民都准备了逃离的交通工具，除了“爱”。直到灭顶之灾真的来临时，“爱”才决定求救。她大声疾呼：“救命，救命，谁能救我？”第一个过来的是乘着气球的“富有”，他的气球里装满了金子，根本不可能有地方给“爱”。第二个过来的是“悲哀”，他划着小船心情沉痛，宁愿一个人独自航行。第三个过来的是“快乐”，他太快乐了以至于没有听到“爱”的呼救，驾着飞机一闪而过。就在“爱”彻底绝望的时候，随着一声苍劲的应答，一叶扁舟飘然而至，上坐一个老者。“爱”高兴地跳上船，小岛在他们背后渐渐沉入海底。把“爱”送到安全的陆地后，老者继续他的行程。“爱”这才想起忘了问救命恩人的名字，于是去请教另外一位老者——“知识”。“知识”告诉她：“那是时间，只有时间才能理解爱有多伟大。”

人们常说，在父母与子女的对话中，父亲总是缺席的。这是父亲和母亲性格构成不同造成的。母亲一般情感丰富，在与儿女沟通方面有优势，而父亲的性格一般比较理性，显得缺乏温情。之前读到过这样一则新闻：美国犹他州一名高中生的父亲，每天在学校校车经过自家门前时向坐在车内的儿子挥手告别。难得的是，他每次都把自己打扮成不同的人物形象，坚持了一学年，大约170天。他有时候头戴美国全国橄榄球联盟“圣迭戈闪电队”的头盔，身穿球衣；有时候把自己打扮成影片《星球大战》中的人物安纳金·天行者；有时候身穿泳裤，头戴潜水面罩……他还扮过加勒比海盗、墨西哥民间艺人、超人、蝙蝠侠、美人鱼、新娘、幽灵、急诊室医生、忍者、圣诞老人等，反正从不重样。我想我爸爸是绝对不可能用这种方式来表达他的爱意的。但随着时间的推移，回过头去想想，我爸爸在父爱的表达上，是有他的一套的：他在我面前经常表现出对我妈妈的爱，有时候是夸奖，有时候是赞扬，有时候是拥抱，有时候是微笑，这给了我家庭的安全感、幸福感和温馨感；他在我面前树立的形象一直以来都是聪明能干正直善良的，无论是他在成为年轻的教授级中学高级教师，桃李满天学生给他送来无尽祝福，还是他四处奔波为生命教育呼吁呐喊，获得中华青少年生命教育彩虹奖章，这都给了我好好学习天天向上的榜样示范；尤其是他用"上课"形式，和我作人生的探讨，用"家书"的形式，和我作情感的交流，这无疑是一种灵魂的向导、精神的陪伴。

原来，父爱是可以这样表达的！

写到这里，想起我很小的时候，爸爸和妈妈带我出门，总是左一个右一个把我护在中间。他们的大手牵着我的小手，我感到安全又温暖！后来我长大了些，可以一个人上学了，每天都要穿过一条马路才能到学校。爸爸和妈妈担心我出事，每天都要送我，一直把我送过马路才转身去上班。再后来，爸爸走过来对我说，应当学着自己过马路。说着，他牵我的手走到马路边上，然后低下身子，一遍遍地叮嘱："有车来就别过马路"、"先看左边再看右边"、"过马路不要跑"、"最好跟着别人一起过"……现在，哪怕是刮风下雨，我一个人都能过马路了，并且当看到老人孩子独自过马路的时候，还能够扶上一把。

如果有一天，爸爸您老了，会不会把您的手交给我呢？

于东京早稻田大学

（袁晓可依，毕业于苏州中学，现在日本早稻田大学政治经济学部就读）

# 第一辑

# 家庭课

# 第一课
# 没有哪个生命是毫无价值的

亲爱的女儿，从今天开始，爸爸要和你谈一个严肃而又沉重的话题：生命。

对于你这样一个正在成长中的女孩子来说，我所说的这一切，你未必全然明白。爸爸希望你记在脑海，就像我写给你的好多信一样好好收藏，等到你能够完全读懂的那一天，再把它们展开，相信你一定会触摸到爸爸此刻这颗热烈而又平和的心脏的。

台湾作家张晓风在某个夏天的长得不能再长的下午，在印第安纳州的一个湖边不经意地坐着看书，忽然发现湖边有几棵树正在飘散一些白色的纤维，大团大团的，像棉花似的，有些飘在草地上，有些飘入湖水里。她当时没有十分注意，只当是偶然风起所带来的。

可是，渐渐地她发现情况简直令人吃惊。好几个小时过去了，那些树仍旧浑然不觉地在飘送那些小型的云朵，倒好像是一座无限的云库似的。整个下午，整个晚上漫天都是那种东西。第二天的情形完全一样，她感到诧异和震撼。

“其实小学的时候，就知道有一类种子是靠风力吹动纤维播送的。但也只是知道一道测验题的答案而已，那几天真的看到了，满心所感到的是一种折服——一种无以名之的敬畏。我几乎是第一次遇见生命——虽然是植物的。”作家随后写道。

“我至今仍然在沉思之际想起那一片柔媚的湖水，不知湖畔那群种子中有哪一颗成了小树。至少，我知道，有一颗已经成长。那颗种子曾遇见了一片土地，在一个过客的心之峡谷里蔚然成林，教会她怎样敬畏生命。”作家最后说道。

张晓风的际遇及感悟和诺贝尔和平奖获得者、法国医学家、哲学家阿尔贝特·史怀哲如出一辙。

史怀哲曾在《敬畏生命》中写道，他在非洲志愿行医时，有一天黄昏，看到几只河马在河中与他们所乘的船并排而游，突然感悟到了生命的可爱和神圣。他还在《敬畏生命理论的产生及其对我们文化的意义》一文中讲述了童年的一段难忘的经历：



一个春天的早晨，他被他的同学拉去打鸟，但弹弓装上小石头并拉紧之后，他却无法瞄准小鸟，因为有一个神秘的命令来自内心深处：“我面对的是一只活生生的小鸟，它是一条生命，绝不能伤害它！”于是，他扔下弹弓，惊走了鸟儿……

的确，诚如史怀哲所言，一切生命，包括动物、植物和那些看起来显得低微的生命都是神圣的。它和我们一样渴求幸福，承受痛苦和畏惧死亡。没有哪个生命是毫无价值的或仅仅是另一个生命的工具，每一个存在物在生命系统中都有其位置。生命之间，没有高级和低级、富有价值和缺少价值的区分。

此外，人的存在不是孤立的，它有赖于其他生命和整个世界的和谐。人类应该意识到，任何生命都有价值，我们和它们不可分割。对一切生命负责的根本理由是对自己负责，如果没有对所有生命的尊重，人对自己的尊重也是没有保障的。只有当我们用平等的眼光去看待所有生命，对它们给予尊重和爱护，世界才会在我们面前呈现出它的无限生机。丰子恺就曾劝告小孩子不要肆意用脚去踩蚂蚁，不要肆意用火或用水去残害蚂蚁，他认为自己那样做不仅仅出于怜悯之心，更是怕小孩子那一点点残忍心以后扩大开来，以致驾着飞机装着炸弹去轰炸无辜的平民。

哲学家海德格尔说过：“人不是自然和大地的主宰者，只是它们的维护者，人应该和动物、植物平等相处。”

# 第二课
# 生命绝不是一件器物



亲爱的女儿，生命是宇宙间最伟大的奇迹：一只夏夜闪亮的萤火虫、一头笨重无比的大象、一棵参天耸立的杉树，以及一个个走在熙熙攘攘人群中，有着不同肤色、不同名字的人……所有这些，都构成了这个世界的活力所在。当人类的目光伸向宇宙的时候，我们发现，触目所及的是一片无尽的荒凉。而当我们回首自己所居住的星球，则是一片五彩斑斓、生机盎然的景象。

大自然经过漫长的演变才出现了生命，其中任何一个微小自然条件的改变，都有可能扼杀生命于摇篮之中。

“想想看，我们是多么幸运啊！从亿万竞争者中脱颖而出，父母生下来的为什么不是别人，而是我自己。在出生之前，我们实实在在已经打了一场大胜仗！所以不管自己是美是丑，是聪明还是愚钝，甚至残疾，都应当庆幸——我是世界上独一无二的存在。这存在再没有人会和我一模一样的！”老师在课堂上和你们说。

是的，我们的出现是偶然也是必然——获得生命是偶然，拥有生命是必然。对于按照物理规律、化学规律、生物规律、社会规律等等永恒运动着的人类的“大生命”来说，我们只是其中的一部分，只是其中的一闪灵光，我们和芸芸众生一起，组成了人类生命生生不息的链接。我们的生命，绝不是一件器物，可以随手放置或抛弃，它一旦来到世间，就值得我们好好地珍惜。

让我来告诉你一个真实的故事，它发生在美国的洛杉矶市，时间是1997年7月25日。

一劫犯在抢劫银行时被警察包围，无路可退。情急之下，劫犯顺手从人群中拉过一人当人质。他用枪顶着人质的头部，威胁警察不要走近，并喝令人质要听从命令。警察四散包围了他，劫犯挟持人质向外突围。突然，人质大声呻吟起来。劫犯忙喝令人质住口，但人质的呻吟声越来越大，最后竟成了痛苦的呐喊。劫犯慌乱之中才注意到人质原来是一个孕妇，她痛苦的声音和表情证明她在极度惊吓之后马上要生产。鲜血已经染红了孕妇的衣裤，情况十分危急。

一边是漫长无期的牢狱之灾，一边是即将出生的生命。劫犯犹豫了，选择一个便意味着放弃另一个，而选择却是无比艰难的。四周的人群，包括警察在内都注视着劫犯的一举一动，因为劫犯目前的选择是一场良心、道德与金钱、罪恶的较量。终于，劫犯缓缓地举起了枪——他将枪扔在地上，随即举起了双手。警察一拥而上，围观者竟然报之以掌声。

孕妇已不能自持，众人要送她去医院。戴上手铐的劫犯忽然说：“请等一等，好吗？我是医生！”警察迟疑了一下，劫犯继续说，“孕妇已无法坚持到医院，随时会有生命危险，请相信我！”警察终于打开了劫犯的手铐。

一声洪亮的啼哭声惊动了所有听到它的人，人们高呼万岁，相互拥抱。劫犯双手沾满鲜血——是一个崭新生命的鲜血，而不是罪恶的鲜血。他的脸上挂着职业的满足和微笑，人们向他致意，忘了他是一个劫犯。

警察将手铐戴在他手上，他说：“谢谢你们让我尽了一个医生的职责。这个小生命是我从医以来第一个在我枪口下出生的婴儿，他的勇敢征服了我。我现在希望自己不是劫犯，而是一名救死扶伤的医生。”

是的，罪恶被一个幼小的生命征服，不是因为他的强大和伟大，而仅仅在于我们对一个需要生存权利的生命的敬畏。

对我们每一个人而言，没有了生命，就没有了一切的基础；放弃生命，就放弃存在的基础。所以，生命道德律的第一条，就是善待生命。既要珍惜自己的生命，也要珍惜别人的生命。世界上最大的罪过，就是将生命无辜剥夺。

# 第三课
# 安全永远是第一位的




亲爱的女儿，这一课，我想和你谈一个对你我都非常重要的词语：安全。

《扬子晚报》早在10年前就以《中小学校进入事故多发期，校园意外：日均消失一个班》为题报道指出，我国中小学生每年的非正常死亡人数都在一万人以上。1999年，我国中小学生因食物中毒、溺水、交通事故、自杀而死亡的，平均每天有40多人，相当于每天有一个班在消失。这个令人痛心的数字时时都在给我们敲响警钟：安全问题不容忽视。

专家认为，通过教育和预防，80%的意外伤害事故是可以避免的，这就要求我们对安全有足够的认识。

首先我们来说说居家安全。居家要掌握一些安全常识，比如火灾逃生。火灾袭来时要迅速逃生，不要贪恋财物；平时就要了解掌握火灾逃生的基本方法，熟悉几条逃生路线；受到火势威胁时，要当机立断披上用水浸湿的衣物、被褥等向安全出口方向冲出去；穿过浓烟逃生时，要尽量使身体贴近地面，并用湿毛巾捂住口鼻；身上着火，千万不要奔跑，可就地打滚或用厚重的衣物压灭火苗；遇火灾不可乘坐电梯，要向安全出口方向逃生；室外着火，门已发烫时，千万不要开门，以防大火蹿入室内，要拿用水浸湿的被褥、衣物等堵塞门窗缝，并泼水降温；若所有逃生线路被大火封锁，要立即退回室内，用打手电筒、挥舞衣物、呼叫等方式向外发送求救信号，等待救援；千万不要盲目跳楼，可利用疏散楼梯、阳台、落水管等逃生自救，也可用绳子或把床单、被套撕成条状连成绳索，紧拴在窗框、暖气管、铁栏杆等固定物上，用毛巾、布条等保护手心，顺绳滑下，或下到未着火的楼层脱离险境。

其次我们来说说校园安全。校园安全常识也有很多，这里着重和你说说遭遇校园暴力时该如何应对。学会自我保护是第一位的，要尽可能避免自己成为施暴者的目标。平时不要随身携带太多的钱和贵重物品，不要公开显露自己的财物。学校僻静的角落、厕所或楼道拐角都是校园暴力的多发地带，在这些地方活动时尤其要注意，最好结伴而行。一旦遭遇校园暴力伤害，也不要惊慌，要保持冷静，清醒的头脑是制胜的关键。对付语言暴力最好的办法是保持沉默，其次是无畏回应。遭受行为暴力时要敢于抗争，当然，与对方抗争，并不是不顾一切逞匹夫之勇，如感觉对方确已失去理智，还是应先找机会避让或大声呼救，实在无法避让，应尽可能护住自己身体的关键部位，避免遭受重创。一旦有情况发生，要及时告诉爸妈、老师或报警，千万不能做“沉默的羔羊”。



最后我们来说说社会安全。社会安全面很广，就说一个网络安全隐患吧！沉迷网络游戏：大量以飙车、砍杀、爆破、枪战等为主题的网络游戏，很容易让我们模糊道德认知，淡化游戏虚拟世界与现实生活的差异，误认为这种通过伤害他人而达到目的的方式是合理的。浏览色情、暴力网站：虽然国家采取种种措施净化网络环境，但总有少数人为了经济利益，在网上传播色情、暴力视频、图片和文学作品等。网上交友上当受骗：近年来网上交友所导致的离家出走、失财丢命等案件频频见诸报端。上网成瘾：上网时间失控，总觉得时间短，得不到满足。据有关部门统计，在未成年人犯罪中，有80%以上是由于网络问题而引发的，网上的有害内容已成为吞噬部分青少年身心健康的“电子海洛因”。

亲爱的女儿，生命是美好的，生活是多姿的，而要拥有这一切的前提就是安全。对于成长中的你来说，安全永远是第一位的。让我们增强安全意识，提高防范能力，做到有备无患。

# 第四课 是你管理着自己的健康



早在40多年前，世界卫生组织就已对健康做了科学的界定：“健康不仅是没有躯体的残缺和疾病，还要有完整的生理、心理状态以及社会适应能力。”这就是说，健康必须具备三个重要条件：一是无身体疾病，二是无心理疾病，三是具有社会适应能力。

许多人知道自己该为自己的健康做些什么。谁会不知道吸烟、过量饮酒、滥用药物、饮食无规律以及缺乏锻炼会影响我们的健康呢？可总有那么一些人，不愿为了自己的健康作出一些改变，放弃那些不健康的生活方式，他们永远也学不会牺牲短期的享乐行为来换取自己长远的利益。

亲爱的女儿，你是这样的人吗？

今天这一课，我想和你强调，休息和睡眠、身体锻炼、饮食和营养以及精神状态，都是组成你健康的方面。

充足的睡眠、休息对你的整体健康非常重要。睡眠不足会使你更容易情绪烦躁，并且还可能出现下面的情况：忧郁、持续性劳累、困乏、精力无法集中、记忆力下降、在上课或学习中入睡。如果你的睡眠有问题，你可以试试下面的建议：建立固定的睡眠习惯，包括每天几点睡觉以及几点起床，虽然白天打个盹也会令人精神有所恢复，但最好避免在白天打盹时间过长。舒展自己的身体，使用一些放松的方法，如深度肌肉放松、深呼吸和意念放松等，或者在睡觉前试着至少冥想 15 分钟。消除脑中所有的念头和忧虑，不带着愤怒或憎恨感入睡，告诉自己，你应该先好好睡一觉，醒来再考虑那些解决问题的方法。临睡前不要饮食过饱。和自己对话，放松并且告诉自己："今夜，我会睡个好觉。"你要记住的是，睡眠的质量要比时间的长短更重要；正常睡眠的时间是因人而异的；睡眠不足是一个问题，睡眠过量同样是一个问题；嗜睡会使人萎靡。

锻炼身体是降低压力的负面影响的一种好方式，它能改善你的生命机能并能提高你生活的质量。对你来说，锻炼身体还有这些好处：促进骨骼的增长，增强呼吸能力，提高学习效率，改善睡眠，降低生病的概率，增加肌肉力量和耐力。提高身体的协调性，获得心理愉悦的感受。目前的你还处在长身体的时期，要使自己长得健壮，力所能及的锻炼是不可缺少的。没有特殊情况，千万不要拒绝体育课，千万不要拒绝课间操。除此之外，你还可以通过室外走、跳、跑、攀登，做儿童健身操或运动量较大的游戏活动等，利用充足的阳光和新鲜的空气，达到增强体能，并促使自己健康成长的目的。在进行室外锻炼的时候，要选择没有汽车、摩托车的空旷而安全的场地。我们会支持你的锻炼计划，爸爸一定挤出时间来多带你去郊游，并且在适当的时间和场合参加你的游戏和锻炼。爸爸还打算请贺杰叔叔家那位漂亮的阿姨在明年暑假的时候为你强化游泳课的训练，她可是有国家级游泳教练证书的。在配合你锻炼这一点上，你完全可以向爸爸妈妈提要求。

健康的饮食能够确保你生命生存所必需的营养。许多营养学家都建议人们应当使自己的饮食变得多样化，在每日的饮食中对不同的食品进行搭配组合。这些食品包括：水果、蔬菜、面包和其他谷类制品、肉、鱼及奶制品。要注意的是，你需要养成一种好的饮食习惯来促进自己生理和心理的健康：进餐时不要讲话，如果要讲就讲些开心的事；要细嚼慢咽，仔细品味所吃的食物；不要在吃东西时做其他事情，比如写作业、看书等；吃完食物，安静地休息一下。

休息和睡眠、身体锻炼、饮食和营养以及精神状态，对于维持一个强大的免疫系统来说，都是不可或缺的因素。爸爸妈妈决定，从今年开始，在你生日的时候，每年带你去医院进行一次体检。我们要让你知道，你对自己健康的管理达到了怎样的效果。

# 第五课
# 学会自我调适



亲爱的女儿，为促进你的身心全面健康发展，充实你的灵魂和锻炼身体同样重要。

十五六岁的青少年最容易情绪不稳定。生活、学习中的一些小事就能引起情绪上的变化。上午还是兴高采烈，也许下午就垂头丧气，情绪涨落都是很正常的情况。有积极心态的人遇到情绪低落时能很好地把握自己，不让低落的情绪左右自己的心情，也就是说总能及时调整好自己的心态，能很好地处理身边的人与事。改变信念是消灭不良情绪的好方法，但是如果信念没有办法一下子改变，我们就需要运用其他方法来控制情绪了。

著名作家冯骥才去美国访问期间，专程去拜访一位美国友人。来到他家，冯骥才发现一个很奇怪的现象：在这位友人的妆台上，放着一块红色的砖。冯骥才心想：这块砖说是装饰物吧，又不好看；说是古董吧，它是新的。正在冯骥才捉摸不透时，那位美国友人谈起他们市长竞选时许下许多空洞的诺言，越说越气，抓起那块砖就用力向墙上的大玻璃扔去，冯骥才一见，吓得赶紧躲避。但那块砖撞到玻璃镜后，却又没发生什么事，而是被反弹到地上，跳了几下后，就停止了。玻璃竟然丝毫无损。冯骥才好奇地过去，拾起那砖一看，却发现原来是一块海绵做成了砖的样子。这种“砖”在美国被称为“成人玩具”，帮助成人发泄愤怒，又不造成伤害。

亲爱的女儿，你也许无法找到这样的一块“砖”，但爸爸在这里教你几招同样管用的好办法。

首先，可以用一种健康、有建设性的方式表达、宣泄情绪。比如写日记；到户外或无人的地方大叫一场；去跑步、跳舞或去打球；洗一个热水澡；看漫画或喜剧大笑一场；大哭一场；找朋友倾诉……

其次，可以用理智抑制愤怒情绪。曾担任美国总统的托马斯·杰斐逊，在临终时曾给他的孙子蒙蒂西洛留下遗言，提出日常生活十诫，其中之一就是，“当你气恼时，先数到10，然后再说话，假如怒火中烧，那就数到100”。

再次，学一些自我调节的放松术。心情不佳时，可以通过自我催眠、自我按摩或循序渐进、自上而下放松全身使自己进入放松状态，然后面带微笑，想象曾经经历过的愉快情境，从而消除不良情绪。也可以在网上找找，学一些放松动作来做。



人总有意志消沉的时候，不单是青少年，大人也是如此。总而言之，我们要在意志消沉的时候学会自我调适。

相信“人”是自己的资源：我们拥有解决自身问题所需的能力；

运用正向激励理念思考问题：强调正向力量，强调别人和自我的成功经验，强调人的可能性；

寻找例外的经验：无论多困难的状况，任何人都不会无时无刻处于问题之中，总有事情不发生的时候，问题总会出现转机；

肯定“小改变”的价值：相信小的改变会带来大的改变，由小处着手，看到解决问题的希望……

总之，你应当达到的心理健康标准是：乐于并善于学习，悦纳并尊重自己，保持快乐心情，乐于交往、善于交往，性格健全、行为正常，能适应社会。

# 第六课
# 让脸蛋保持微笑的温度




以前，有个学生曾认真地问我："一个人怎样才能快乐？"我说："帮助有困难的人。""为什么呢？"他问。我说："助人为乐嘛！"他笑了，说："那只不过是个词语。"我说："不，那可是真理。"

"助人为乐"这四个字，蕴含着人世间至真至诚至善至美的道理。"助人"为什么会快乐呢？因为可以从帮助别人的过程中发现自己的存在价值。

春秋战国的滚滚硝烟里孟子说"老吾老以及人之老，幼吾幼以及人之幼"。孙文说"天下为公"。罗曼·罗兰也一脸虔诚："一旦自私的幸福变成人生的唯一目标，人生就会没有目标。"莎士比亚很冷静："上天生下我们，是要把我们当火炬，不是照亮自己，而是普照世界。"爱因斯坦的名言已经家喻户晓："一个人的价值，应当看他贡献什么，而不应当看他取得什么。"

当然，对于正在学习中的你们来说，最好的助人为乐应当体现在校园里、学习中。尤其是学习成绩好的同学，更应当把"助人为乐"付诸行动。

以前爸爸班上就有这样一位同学：她姓杨，学习成绩相当优秀，尤其是英语最棒。她担任班级英语课代表，同学们都偷偷叫她"小老师"。轮到英语早读的时候，她主动带领全班同学朗读，反复纠正同学的发音，有时候她还找出一些英语歇后语和谜语让同学们猜，渐渐地，受她良好的英语学习习惯和热情的感染，全班同学几乎每人都从视读英语为头疼枯燥的苦差变成了把学英语当作一种乐趣。除此之外，她在课下也特别乐意帮助大家。她随身带着一本厚厚的英汉双解字典，同学有问题不会的时候跑去找她，她总是放下手里的作业，拿起那本字典给他们翻翻找找，不仅把问题讲得透彻明白，而且还会给他们补充一些其他相关的知识以加深印象和帮助理解。上晚自习时，她更是忙得不可开交，她的身边常常围了一圈小听众，简直就是一个流动辅导站。要是为了避免大家占用她太多的自习时间，她完全可以拒绝，但是她没有。她的助人为乐赢得了师生一致的好评，初中三年她不仅一直担任英语课代表，而且还当选为优秀学生干部，被保送上了重点高中。



由此可见，出色地做人有时候比学习出色更重要。“人之初，性本善。性相近，习相远。”愿意帮助别人，爱做好事，这是人类善良的本性，我们切不能让自私心理和功利主义将之替代！有的同学总怕自己吃亏，事事常为自己打算，慢慢地，就养成了冷漠、自私的毛病。这样的同学，在集体中是不受欢迎的；今后走上社会，也肯定会有碰壁的时候。

“你有困难吗？我来帮助你！”让我们了无功利地说出这句简简单单的话吧！这个充满着竞争和挑战的社会，需要我们播下同情、善良、热心的种子。

除了学会从帮助别人中获得快乐，你还要学会为别人高兴，让脸蛋保持微笑的温度。

我们常见这样的同学：自己有了成绩，有了进步，就喜形于色，就手舞足蹈；而别人有了成绩，有了进步，却往往漠然置之，甚至于冷嘲热讽、忌妒打击，很少发自内心地为别人高兴。其实，从小学会为别人高兴，对于学会做人很有益。

学会为别人高兴，这有利于开阔胸襟。胸襟阔大、气度恢弘的人，才有吸引力、凝聚力，才有成就事业的创造力。听到别人取得好成绩就不痛快，看到别人有进步就不高兴，这样心胸狭窄、气量狭小的人，只能住“独家村”，开“独家店”，是不会有人愿意与他精诚合作、共创大业的。

学会为别人高兴，对于自己取长补短、走向完美，有着直接和深远的影响。随时为别人的成绩而高兴，无异于随时吸取营养，滋补自己。

# 第七课
# 正确面对同辈压力



有人问一个 16 岁的男孩为什么要上人人网，他说，因为他的朋友上了。有人问一个 17 岁的女生为什么要纹身，她说，因为她的朋友纹了。有人问一个 18 岁的年轻人：最害怕的是什么？年轻人说：被同龄人隔离！是的，爸爸知道，对于处于青春期的你们来说，没有比孤独更糟糕的感觉。这是青春期的本质。

在成长的道路上，我们往往要作出很多具有挑战性的决定。有时候，一些决定需要经过慎重考虑，因为它们可能与我们的价值观和道德标准有冲突。当其他人试图强迫你跟随他们的一套时，你就遇到了“同辈压力”。

同辈压力，西方学术上解释为：因害怕被同伴排挤而放弃自我，作出顺应别人的选择。一个同辈人团体对个人施加影响，会促使个人改变其态度、价值观或行为使其遵守团体准则。尤其在青少年中，来自同辈的压力很难避免，因为一般人都想融入朋友的圈子并希望自己受到欢迎。你的朋友们甚至可能会利用你这种心理，指使你做一些你其实不愿意做的事。

的确，青少年需要同辈团体，更渴望同辈的认同，希望被同辈接纳、肯定、喜欢及尊重，让个人在团体中有归属感、存在感、成就感及价值感。因此，青少年为了避免被拒绝、被孤立、被嘲笑、被排斥，会以讨好及迎合的方式，面对种种同辈压力，展现从众行为。

这种同辈压力，可能会起积极作用，也可能会起消极作用。如果一个人在一个成员都很上进的团体中，那么他自然会觉得有压力并选择提高自己。从负面影响角度来讲，他们轻则因在乎同辈的眼光，而改变自我形象，在穿着仪表、说话用语、想法及从事活动上，努力表现得和同辈是一样的，甚至为此不惜荒废课业、冷落亲人。他们宁可失去自我也不愿失去朋友，为了顾及同辈的面子及保住友谊，他们很容易失去道德底线，纵容同辈不当的言行，不敢劝阻及举发，如目睹同辈乱丢垃圾或作弊，却闷不吭声。从严重的角度来说，有的人就会做出原本不敢或不想做的事，轻则泯灭良心，重则违规犯法。诸如抽烟喝酒、欺负弱小、集体旷课、集体偷窃、打群架、聚赌、飙车、嗑药、性侵犯甚至杀人等。

那么，怎样正确面对同辈压力呢？可以从以下几个方面来试试看。

1．慎选同辈团体。近朱者赤，近墨者黑，这是我们都懂得的道理。所以在建立友谊关系时，我们要树立正确的友伴观念，选择优质同辈团体。

2．建立正确的同辈团体认知。当我们对同辈团体、同辈认同、同辈压力、团体中的个人行为及个人心理需求有了充分的理解及认知，我们就能主宰自我，克服同辈压力，悠游于同辈团体中，获得正向的发展。

3．在教师家长的协助下进行自我肯定。我们如不能自我肯定，必呈现退缩的、含糊的、顺从的、软弱的、积怨的个性，此种特质使我们格外依赖同辈团体，易屈服于同辈压力而盲从非为；相反的，一个能自我肯定的青少年，是自信的、勇敢的、独立的、有包容心的，他容易克服同辈压力，在团体中发挥正向引导的作用。因此，我们要发展自我肯定的人格特质，以自我肯定的态度经营友伴关系，拒绝负面的同辈压力。

4. 掌握一些抗拒同辈压力的技巧。肯定友谊法：以诚恳的态度表示你很重视彼此的友谊，但不希望为了讨好他们而做出自己不愿做的事，如可对同辈说："我真的很喜欢你们，但我并不想逃学，这并不影响我们之间的友谊……"家教严厉法：当面临难以推托的同辈压力时，可把责任推到家长的身上，以家教严厉为借口，比如可告诉同辈："我也很想逃学，可是，万一我爸爸知道，会把我打个半死！"自我解嘲法：顺着友伴的嘲笑，也拿自己开玩笑，以幽默语气缓和不愉快的气氛，并化解同辈的压力，比如可自我解嘲说："你太了解我了，本人就是以胆小闻名于世呀！"转移注意力法：当面临同辈压力时，可设法转移大家的注意力，比如同辈怂恿你一起去欺负某人时，你可说："唉！那个人不值得我们浪费时间在他身上，走！我家新买了一个好玩的游戏软件，我们一起去玩。"速离现场法：当同辈邀你一起去做违反校规或触犯法律的事时，你明确地拒绝后，立即找借口离开现场："哎哟！我肚子好痛啊！我得赶快去看医生！"自我肯定法（坚持拒绝法）：不论同辈们如何游说你，你始终面带微笑、语气坚定地说"不"。比如可自我肯定地说："抱歉！我并不想逃学！"



亲爱的女儿，相信当面临同辈压力时，你会懂得如何应对，从而有效摆脱同辈压力，建立自我肯定的人生。

# 第八课
# 爱情究竟是什么



曾有人说，“在人类一切感情中，只有一种是不需要任何理由的，这就是爱。”这种看法是不对的。就像世界上绝没有无缘无故的恨一样，世界上也绝没有无缘无故的爱。爱既受人自然本性的影响，也受社会属性所支配。从某种意义上来说，爱和责任是同义语。爱一个人，既要对自己负责，也要为对方负责，同时更要承担一定的社会责任。

著名作家傅雷在给他儿子傅聪的信中写道：“我一生从不曾有过‘恋爱至上’的看法。‘真理至上’、‘道德至上’、‘正义至上’，这种种都应当作为立身的原则。恋爱不论在如何狂热的高潮阶段也不能侵犯这些原则。”

那么，爱情究竟是什么？

爸爸愿意借用苏联大教育家苏霍姆林斯基写给女儿信中引述的童话故事来回答这个问题。

什么叫爱情？……当上帝创造人类时，他在地球上播下了一切有生命的种子，并教会他们延续自己的后代，生出和自己同样的人。他把土地分给一个男人和一个女人，告诉他们怎样搭窝棚，给男人一把铲子，给女人一捧种子，然后对他们说："你们在一起过日子吧！延续后代，我要办事去了，一年之后，我再来，看看你们的情况怎么样。"

整整一年之后，有一天一大早，他和大天使加弗利尔来了，他看见这一对男女坐在小棚子旁边，地里的庄稼已经熟了，他们身旁放着一个摇篮，摇篮里睡着一个婴儿，这一对男女时而望望天空，时而又彼此看看，就在这一瞬间，他俩的眼神相碰在一起，上帝在他们身上看见了一种不可思议的美和一种从未见过的力量。这种美远远超过蓝天和太阳、土地和长满小麦的田野。总之，比上帝所制作和创造的一切都美，这种美使上帝颤抖、惊异，以至于惊呆了。

他向大天使加弗利尔问道："这是什么？"

"这是爱情。"

"什么是爱情？"

大天使耸耸双肩，上帝走向这对男女，问他们什么是爱情，但是，他们无法向他解释，于是，上帝恼火了，他说：

"那么，好吧！我要处罚你们，从即刻开始，你们要变老，你们生命的每一小时，都要消耗掉一点你们的青春和精力！50年后我再来，看看你们的眼神里表现出什么，人……"

50年后，他和大天使加弗利尔又来了。他看见了一座非常好的小木屋代替了原来的小棚子，草原上修起了花园，地里的庄稼已经熟了，儿子们正在耕种，女儿们正在收麦，孙子们正在绿草地上玩耍。在小木屋门前坐着一个老头和一个老太婆，他们时而看看红色的朝霞，时而又彼此望望。上帝从他俩的眼神里看见了更加美丽和更加强大的力量，而且好像又增加了新的东西。

"这是什么？"上帝问大天使。

"忠诚!"大天使回答说，但是，他还是不能解释。

这次上帝更加恼火了。他说：

"人！你们为什么没有老多少？那好吧，你们的日子不长了，以后我再来，看看你们的爱情将变成什么。"

三年后，他与大天使又来了。他看见男人坐在小山坡上，一双眼睛呈现出非常忧虑的神色，但是，却仍然表现出那种不可思议的美和力量，已经不仅仅是爱情和忠诚，而且蕴藏着一种新的东西。

"这又是什么？"他问大天使。

"心头的记忆。"

上帝手抚着自己的胡须，离开了坐在小山坡上的老头。面向着麦田和红色的朝霞，他看见，在金色麦穗旁边站着一些青年男女，他们时而看看布满红色朝霞的天空，时而又彼此看看……上帝站了很久，看着他们，然后深深地沉思着走了，从此以后，人就成了地球上的上帝了。

亲爱的女儿，这就是爱情！爱情比上帝权威大，它是人类永恒的美与力量，一代一代地相传。爱情的力量是伟大的，伟大到甚至能够战胜死亡。且不说欧洲民间故事、中国古代戏曲中的动人演绎，单是现实生活中的真实一幕，就足以让人动容。

19 世纪英国著名女诗人伊丽莎白·白朗宁，15 岁时骑马跌落损伤了脊椎，此后二十几年一直被禁锢在床上，生命只剩下一长串没有欢乐的日子，青春在生与死的边界上黯然消逝，但因为有了罗伯特·白朗宁纯真至美的爱情，她居然站了起来，重新显示出生命的活力。

对于伊丽莎白来说，那一年的春天来得特别早，刚刚才二月，丁香花和山楂已经爆芽了，接骨木已经抽叶了，画眉已经在枝头尽情歌唱了……

"每天晚上 8 点钟，家家户户都在吃饭，这时我总是悄悄一人，四周寂静无声，在十户以外（甚至不止十户呢），我就听到你的书信的脚步声了。”

那是白朗宁夫人在等待爱的信使的到来，那是她一天中最光亮的时辰。就像神话中裹了周身铁链被供奉给海怪的公主，在悬崖边等待英雄的到来！

亲爱的女儿，不主张“早恋”的我跟你讲爱情，是想预先提醒你，人类的爱情不仅是美好的、忠实的、真诚的，而且是理智的、审慎的、神圣的。当有朝一日，你走向成熟，可要想清楚，伊甸园的苹果与谁共享？丘比特的神箭射向何方？

## 第九课

## 让理性和欲望和谐地存在



在美国曾经有一群特别的青年，用放浪形骸的生活作风来抗议那时陈腐的教育理念，以叛逆张扬个性，以放荡寄寓才华。他们脱光了衣服跳在桌子上集会，首脑人物吸毒后高声朗读他的诗作：“我看见这一代最杰出的头脑正陷入疯狂！”

他们的确是疯狂的，吸毒，同性恋，乱伦，群交，游荡在美国的大路上，彷徨在时代的交叉口，人们称之为“垮掉的一代”，意指人类的理智在那时代垮掉了。

事实也的确如此，美国当时的一代青年人都陷入了“疯狂”。但是，很快的，这群人就因其不合理的存在而销声匿迹。人们在淡忘他们的同时，以一种警示的心理让他们存在于历史之上。

如果说他们都是天才，那么天才的短命就在于他们无视规则、规律。让理性和欲望和谐地存在，是人生一门深刻的学问啊！道德是规则的基础构建，这里我想重点和你说说对于一个女孩子来说十分重要的性道德。

尽管人类的种族和文化存在着巨大的差异，但人们对性爱的感觉却完全一样。每个人的一生，差不多都会扮演亚当或夏娃的角色，都会有对禁果神秘色彩的好奇和走向禁果时的惊悸和震颤，也都会有品尝禁果时的甜蜜和沉醉。

性爱是神秘而又美好的，但对于文明社会的文明人来说，它是要讲道德，是要守规则的。

从自然界的观念来看，性爱不是永恒的。哺乳类动物中，只有5%从一而终。人类见异思迁的现象就与动物本性有关，现代社会的舞台上还不难看见见异思迁者上演的一幕幕性与爱的悲喜剧。但现代社会的一夫一妻制是一个文明与进步的规则，它用道德修养约束着人类原始动物天性的张扬。

受西方文化的影响，国内不少青少年盲目地向西方的“性开放”学习，错误地认为“开放社会的恋爱方式”就是要动辄发生性交关系。有个女青年曾投书报社，叙述自己在恋爱中遇到的难题：交第一个朋友时，才认识一两次，男方就要对她动手动脚，她严词拒绝，于是吹了。交第二个、第三个朋友也都是这样。他们讥笑她“老脑筋”、“不懂新的恋爱方式”，她苦闷地问报社：我该怎么办？其实，这个女青年对待爱情与性的关系是比较严肃、慎重的，那种以谈恋爱为名迫不及待地就要有性行为的男人不是好男人。



也有一种自我安慰的心理，认为既然双方相爱，反正以后要结婚的，这种事提前做也无妨。可悲的是，据一份调查报告显示，姑娘在恋爱中向男方献身以后，真正嫁给对方的，约占一半，而只有1/8的男子想和与自己有第一次性行为的女性结婚。

爱情是美好的，性也是美好的，一对真心相爱的人在合法、成熟的情况下享受性爱的快乐，慢慢体会两个人合为一体、两颗心融化在一起的感觉不是很好吗？为什么明知道可能会给双方带来痛苦和不幸而非要急不可待地做呢？有人比喻，发生婚前性行为像是吃青苹果，本来，苹果要等它熟了再吃，那时苹果十分红润，吃起来又甜又香，可是如果它还没有成熟就被摘下来吃了，会很苦涩，真是把这个好苹果糟蹋了。再譬如品茶，再好的茶叶总要用开水把它慢慢泡开，然后细细品尝，如果哪个人用开水一泡，马上把水咕噜喝下去，你说好喝吗？不仅茶味品不出来，反而可能把嘴烫出大泡来呢！

因此，爸爸希望你今后努力避免在婚前偷尝“禁果”，因为那也许会使你失去本该有的恋爱的纯洁，甚至会在你和你伴侣的情感深处留下难以挥去的阴影。

因此，爸爸也希望你今后拒绝并且远离婚外的性行为，因为那势必影响正常的夫妻关系，降低应有的婚姻质量，甚至破坏家庭，造成伤害。

莎士比亚说过：“要是在我们的生命中理智和情欲不能保持平衡，我们血肉的邪心就会引导我们到达一个荒唐的结局。”孩子，这是至理名言，也是千古之训。

# 第十课
# 神圣而不可侵犯的权利



亲爱的女儿，我想和你说一说2001年发生的震惊世界的“9·11”——恐怖分子袭击美国世贸大楼事件：载有数百名乘客的飞机被劫持，飞机撞向数万人上班、十多万人排队参观的壮丽建筑，数以千计的无辜男女葬身瓦砾……

对于这一事件，你的同学，还有你的老师不知会怎样评判？

爸爸的学生有的说，恶有恶报，神气的美国人这回栽了！有的说，恐怖分子为中国大使馆被炸报了一箭之仇！有的说，刺激，和电影里、游戏上的一模一样！有的说，这世界太可怕了，连美国都会被袭击！有的说恐怖主义者不是好东西，但美国也不是好东西，炸了活该！……

孩子，如果你的同学和你的老师也是这样评判的，你能不能站起来说：我同情那些无辜者，我呼唤世界永久的安宁！

是的，当大洋彼岸童话般的世贸大厦犹如孩子手中的积木无可挽回地崩溃时，爸爸的心中也曾掠过一丝的快感。因为我想起了我国驻南斯拉夫使馆的被炸，想起了英雄王伟的撞机事件，想起了伊拉克连年遭殃的平民。

但当看到血肉模糊的尸体被挖出瓦砾，魂飞魄散的表情锁定记忆，绝望跳楼的生命如同秋叶般翻飞飘零，尤其是当听到一息尚存者的呼唤被电话录音：“永别了，亲爱的；永别了，爱你，爱你……”、“……告诉妈妈，我爱她……周围都是大火，大楼正一层层倒下来，永别了，凯希，如果我做过任何对不起你的事，原谅我吧。爱你……永别了……”的时候，我的这丝快感丧失殆尽。代替它的，是一种悲悯。

不管怎么说，那可是些活生生的生命。他们的家人还等着与他们团聚；他们的朋友还等着他们的音讯；他们的事业还有待于他们全身心地投入；他们的才能还有待于他们进一步发挥……可是这一切就这样硬生生、鲜嫩嫩地被掐断，没有准备，没有告别，并且给不出一个充分而又正当的理由！

叔本华说：“对于一切有生命之物的同情是对品行端正的最牢固和最可靠的保证。谁满怀这种同情，谁就肯定不会伤害人、损害人、使人痛苦，只要他能够，就宽容地对待任何人、宽恕任何人、帮助任何人，并且他的行动会带有公正和博爱的印记。”

透过浓浓的烟雾，翻开重重的瓦砾，我看见的不再是星条旗，不再是美利坚，而是数千无辜的民众，以及他们曾经美丽的生命。

孩子，在认识了自己和他人的生命之后，你要明白，作为一个人，他天然地享有下列神圣而不可侵犯的基本权利：生命权、财产权和自由地追求幸福生活的权利。

生命权是与生俱来的最神圣的天赋权利，它是生命得以存在的载体和标志，它是一个人所拥有的一切权利的源泉。生命权不受任意的侮辱、损害、践踏和剥夺。非经正当法律程序，生命权不受任何限制。

财产权是实现包括生命权在内的其他一切权利的主要工具。财产权意味着人们有权采取经济行动以获得、利用和处置财产，它是人类谋求生存，发展、建立和拥有家园的权利，是生命权的延伸，是人类保有自由与尊严的保障。

自由地追求幸福生活的权利是由生命权所延伸出来的一系列自由权的总

称。人类生命的独特性在于每个人都是肉体与精神的双重存在，每个人都应当享有除法律禁止以外能自由自在、不受任何约束地去追求自己认为能实现幸福人生的自由才行。这些自由包括思想、言论、结社、迁徙、工作、信仰等的权利。只有当人们的这些权利获得了切实的保障，人们才能在生活中追求到幸福，生命权才会得到捍卫和促进。因此，生命权、财产权与自由权一起构成人类生活中最基本的三项人权。

亲爱的女儿，你还要知道，自由是安享人权的前提条件，是人权中最重要的权利。

只有当每个具体的个人享有自由以后，包括生存权在内的各种具体的人权才会得到保障，才会得到不断改善和促进，人才会活得有尊严。只有生活在这种状态下才是真正意义上的人。没有自由，生存权就是一般动物的吃、喝、拉、撒式的权利，根本谈不上是真正意义上的人的权利。即使让你吃山珍海味、让你住别墅洋房、让你有小车游艇，但如果不让你自由自在地按照自己的大脑和心灵去思考、去说话、去行动、去创造，那么，这种生存状态仍然是低级动物的生存状态，还不是人的生存状态。人和其他动物的区别在于：人是地球上最高贵的动物，人直立行走，昂首挺胸，眼光朝上，其他动物则是四足爬行，眼光永远朝下；人渴望自由地发展和创造，渴望在公共领域表现自己的能力，渴望在社会生活中立言、立德、立功，表现为立意要在自己有限的生命历程中去创造某种永恒的价值、去建立某种永恒的共同世界的决心和作为。而这一切，都只有在自由的状态下才能实现。

那么什么是自由？凡是法律没有禁止的，人们都可以随心所欲地去做，不受任何限制，这就是自由。

# 第十一课 法律特殊的保护和关照




北京一名初中女生，运用法律武器维护隐私权和名誉权，在初三毕业离开学校半年后，以班主任在班上公开批评其同男生交往过密为由告倒了班主任。

读到这则新闻，亲爱的女儿，你有什么感想？

我的感想是，这说明你们年轻的一代越来越成熟了。这名初中生选择了最恰当的方式来维护自己的权益，而不是对自身身心造成更大伤害的忍让与逃避；也不是影响社会安定，甚至会伤及他人的报复。

《中华人民共和国未成年人保护法》第三十一条明确规定："对未成年人的信件，任何组织和个人不得隐匿、毁弃；除因追查犯罪的需要由公安机关或者人民检察院依照法律规定的程序进行检查，或者对无行为能力的未成年人的信件由其父母或其他监护人代为开拆外，任何组织或者个人不得开拆。"

然而在实际教育中，有意滞留扣压学生信件，对学生信件进行审查或变相审查，暗中私拆学生的"可疑信件"，强迫学生公开信件内容……这类侵犯学生隐私权的事在学校屡有发生。虽然拿起法律武器进行维权的学生人数还不多，但因此类事情学生顶撞老师的事件却时有发生，造成师生关系的紧张。

每当师生关系紧张，特别是教师的言行对学生造成伤害，社会舆论对教师颇多批评的时候，我们一些教师常常感到十分委屈，觉得现在家庭和社会对学生的不良影响较大，中小学教育管理工作面临着前所未有的难度，学校和教师已经很不容易了，不能一味苛求，妄加指责。“学校和老师这么做肯定是为了孩子好”，“大家对学校过于苛刻，会给老师很大的压力，那些‘调皮’的学生更没法管”，“学生受教育环境越来越宽松了，可老师却觉得越来越头疼和委屈”……

这些意见看似言之成理，但都忽略了一点，即“为了孩子好”、“现在的学生不好管”等主观或客观因素，绝不能成为学校和教师无视学生尊严、伤害学生感情、侵害学生权益的理由。

在一次升旗仪式结束后，浙江省杭州市拱宸桥小学校长庄严地宣读了一份《学生权利保障公约》。操场上先是鸦雀无声，片刻之后，忽然爆发了响雷般的、经久不息的掌声。是什么让同学们如此激动？让我们先来看看这份《学生权利保障公约》的内容：



每一位学生均拥有不可剥夺和不可侵犯的尊严。每一位教师均有责任尊重并保护每一位学生的尊严，不体罚学生，不变相体罚学生，不讽刺、嘲弄、谩骂学生。每一位学生均拥有在一定规则内自主选择教师及班级的权利。每一位教师均有责任公正、公平地对待每一位学生，不偏爱学生、不歧视学生、不污辱学生。每一位学生均拥有隐私权。每一位教师在未经学生许可的前提下，不得查阅学生的私人日记，不得拆看学生的私人信件。每一位教师不得公开学生的考试成绩。每一位学生均拥有按课程表来学校上课的权利。除非有一些特殊的原因，否则每一位教师均不得随意停课、随意调课。不得驱逐学生上课，不得组织学生参加商业性的庆典、演出等活动。每一位学生均拥有按作息时间表休息、游戏、娱乐、玩耍的权利。每一位教师均有责任保证和指导学生过好闲暇生活，不得强占学生的闲暇时间用于补课、安排作业等。每一位学生均拥有对学校或教师给予的处分提出申诉的权利。每一位教师均应正确对待学生的申诉，不得推诿责难，不得敷衍了事，不得借机报复。……

一共18条。每一位老师都郑重地在上面签署了自己的名字并承诺：遵守公约规定，保护学生权利。

我为这样的《公约》叫好！同时，我要告诉你的是，有一个真正的《公约》是专门为你们量身定做的。

1989年11月20日，第44届联合国大会一致通过了《儿童权利公约》。迄今为止已有190多个国家批准履行《儿童权利公约》。《儿童权利公约》是一项关于保护儿童权利的具有国际法约束力的国际公约。我国是《儿童权利公约》草案的共同提案国之一。

《儿童权利公约》共56条，但最根本的权利可概括为四种：

生存权——每个儿童都有固有的生命权和健康权。

发展权——每个儿童都有充分发展其全部体能和智能的权利。

受保护权——每个儿童都享有保护自身权益不受侵犯，自由发展不受影响的权利。

参与权——参与家族、文化和社会生活的权利。

是的，孩子，在正常人享有的神圣不可侵犯的权利外，你还受到法律特殊的保护和关照。

# 第十二课
# 不违法是行为的底线



1764年的一天深夜，一场大火烧毁了哈佛的图书馆，很多珍贵的古书毁于一炬，让人痛心疾首。突发的火灾把一名普通学生推到了一个特殊的位置，他在经过痛苦的思想斗争后，终于作出一个勇敢的选择。原来在这之前，他违反图书馆纪律，悄悄把哈佛牧师捐赠的一本书带出馆外，准备阅读完后再归还。突然之间，这本书成为稀世珍本。该学生怀着不安的心敲开了校长办公室的门，说明理由后郑重地将书还给了学校。校长先是表示感激，并对学生的勇气和诚实予以褒奖，然后就把他开除出校。赏罚分明，一点也不拖泥带水。

对此，很多人表示不解，但是校长不做解释，他只亮出哈佛的理念：让校规看守哈佛，比用其他东西看守哈佛更安全有效。

《麦田守望者》中斯宾塞先生对霍尔顿说："人生就是一场球赛，我们要遵守每一项这样或那样的规则。"是的，我们生存在这个社会，参加这样的"球赛"，就只有遵守"规则"。纳撒尼尔·霍桑写道："在看似伤乱的世界中，我们每个人被规范地放在某一个位置，一旦脱离了这个位置，我们将被这个世界永远地遗弃。"

源远流长的中华文明留下了戚继光罚舅、曹操割发代首、孙武练兵杀妃的美谈。现代社会，人们更是与规则，乃至法律结下了不解之缘，法治是现代社会的重要标志。

法律是由国家制定或认可，由国家强制力保证实施，对全体社会成员具有普遍约束力的特殊行为规范。由国家强制力保证实施，是法律最重要的特征，对全体社会成员具有普遍约束力，是法律的另一显著性。

法律对全体社会成员具有普遍约束力。具体表现在：第一，任何人不论职位高低、功劳大小，都必须严格遵守国家的法律，依法规范自己的行为，不允许特殊人物存在；第二，任何人无论职位高低、功劳大小，一旦触犯了国家法律，就要受到法律的制裁，不允许任何人超越于法律之上。

如果说道德是人们追求的较高境界，那么不违法则是人们行为的底线。

有一部分青少年走上犯罪道路是因为对法律一无所知。北京市发生的两件事很能说明问题。

北京西城区某中学一男同学向一名女同学借钱，人家没借给他，他就用菜刀把人家砍死了。当公安人员逮捕他时，他还说：“警察叔叔，你千万别告诉我妈妈，告诉她，就不让我上学了。”

北京海淀区某中学七八名学生结成一个偷盗集团，多次入户行盗，罪行十分严重。当他们在法庭上被问及自己犯了什么罪时，却说不知道，并声称偷盗是出于好奇，想试试本事。

这些孩子在犯罪之初并没有认为自己的行为是犯罪，他们不知法、不懂法。但是，法律并没有念及他们的年少无知而对他们网开一面，不懂法并不能减轻他们的罪过。

法律是一个严酷的字眼，它的眼里容不下半点沙子，就像追求完美的人眼里容不得有半点差错。

法律与日常行为规范、社会公德、政党党章、组织章程、宗教教规相比又有不同之处。法律由国家制定或认可。特定的国家机关通过一定步骤创制法律或国家根据实际情况赋予社会上早已存在的某些道德、宗教、习俗、礼仪以法律效力。任何社会行为规范，都规定了人们可以做什么，不可以做什么，并且具有一定的强制性。但是，保证它们的强制性能够得到维持和实现的力量来源是不同的。道德规范是依靠人们良好的素质、社会舆论的监督来实现；宗教规范是依靠教徒对神的敬畏心理、宗教戒律的制裁来实现；政治规范是依靠人的自觉与纪律来维护。法律的强制性则是依靠军队、警察、监狱、法庭等暴力机关作为后盾。法律的实施由国家强制力来保证，如果没有国家强制力的保证，法院的判决可能成为一纸空文。这是法律区别于其他社会规范的一个重要特点。

在现代社会，法律已经成为社会控制的主要手段，国家的长治久安和社会的井然有序都离不开法律。作为一种制度文明，法律意味着秩序，法律维系着人类生存和发展的基本秩序。人类社会演进的实践表明：法治更有利于实现国家的长治久安和社会的井然有序。

# 第十三课
# 守住你的诚信



亲爱的女儿，在人生诸多规则中，你首先要守住的是你的诚信。诚信是基本的规则，失信是最大的禁忌。

春秋战国时，秦国的商鞅在秦孝公的支持下主持变法。当时正处于战争频繁、人心惶惶之际。为了树立威信，推进改革，商鞅下令在都城南门外立一根三丈长的木头，并当众许下诺言：谁能把这根木头搬到北门，赏金 10 两。围观的人不相信如此轻而易举的事能得到如此高的赏赐，结果没人肯出手一试。于是，商鞅将赏金提高到 50 金。重赏之下必有勇夫，终于有人站起将木头扛到了北门。商鞅立即赏了他 50 金。商鞅这一举动，在百姓心中树立起了威信，而商鞅接下来的变法就很快在秦国推广开了。新法使秦国渐渐强盛，最终统一了中国。

而同样在商鞅“立木取信”的地方，在早它 400 年以前，却曾发生过一场令人啼笑皆非的“烽火戏诸侯”的闹剧。

周幽王有个宠妃叫褒姒，为博取她的一笑，周幽王下令在都城附近 20 多座烽火台上点起烽火——烽火是边关报警的信号，只有在外敌入侵需召诸侯来救援的时候才能点燃。结果诸侯们见到烽火，率领兵将们匆匆赶到，弄明白这是君王为博妻一笑的花招后又愤然离去。褒姒看到平日威仪赫赫的诸侯们手足无措的样子，终于开心一笑。五年后，犬戎大举攻周，幽王烽火再燃而诸侯未到——谁也不愿再上第二次当了。结果幽王被逼自刎而褒姒也被俘虏。

一个“立木取信”，一诺千金；一个帝王无信，戏玩“狼来了”的游戏。结果前者变法成功，国强势壮；后者自取其辱，身死国亡。可见，“信”对一个国家的兴衰存亡确实起着非常重要的作用。

经历了长达15年马拉松式的谈判，中国终于在2001年底正式加入了世界贸易组织，开始了中国参与全球经济竞争的新纪元。世界贸易组织总干事穆尔在热情欢迎中国成为世贸组织新成员的同时，也提出了真诚的告诫：中国加入世贸组织后，从长远看，缺的不是资金、技术和人才，而是诚信或者说是信用，以及建立信用体系的机制。



穆尔的忠告，一语点中了制约我国社会经济发展和进步的软肋，点中了我们能否紧紧抓住21世纪头20年重要战略机遇期的薄弱环节。

近年来，在我国经济和社会生活中，失信现象如瘟疫般到处蔓延，凶狠而又暴戾，从假烟假酒假文凭，到假账目、假评估、假签证、假报告；从普通人恶意的透支，到一些官员的言行不一、政绩注水；从股市造假，到会计师事务所等中介机构“蛇鼠同穴”；从“三角债”滚雪球般越滚越大，到少数地方政府出尔反尔对投资者“宰肥羊”；从为人师表的教授剽窃他人的著作，到足球场上的“黑哨”满天飞……

老百姓们不无痛苦地发现，自己生活的大大小小的圈子里充满着欺诈、伪造、造假等不诚实的行为。的确，大到产业财经的“基金黑幕”“银广厦骗局”“东方电子造假”等，小到关乎百姓民生的山西假酒、河南毒米、广东瘦肉精事件以及南京冠生园的“陈馅月饼”，多少人的辛苦钱不翼而飞，多少人被骗得倾家荡产，一系列的失信事件不仅让人触目惊心，而且让老百姓对社会充满了“整体信用危机”感。假冒伪劣产品横行和缺少信用保证已产生了恶劣的社会影响，“诚信的缺失”已经严重阻碍了消费和投资行为。有专家分析认为，由于我国市场交易缺乏信用体制，每年国民生产总值的10%到20%是无效成本，直接和间接经济损失每年高达5855亿元。

那么，对于一个学生来说，应当怎样守住自己的诚信呢？

有一个受过良好教育的男孩子，当有人问他在没有人在场的情况下，为什么不拿一些珍珠放在自己的口袋里时，他回答说：“不，没人在场，可我自己在看着我自己呢。我绝不会对自己去做一件不诚实的事情。”

是的，不管是在有人的场合，还是在无人的场合，一个真正有良好品行的人都会正确地行事。

哈佛大学校长说：“独立思想是美国学界的最高价值。美国高等教育体系以最严肃的态度反对把他人的著作或者观点化为已有——即所谓剽窃……当你在准备任何学术论文——包括口头发言稿、平时作业、考试论文等时，你必须明确地指出，你文章中有哪些观点是从别人的著作或任何形式的文字材料上移入或借鉴而来的。”

在哈佛大学，学生受到的最严厉的惩罚，不是因为迟到旷课、夜不归宿，甚至打架斗殴、损坏公物，而是学习上的抄袭剽窃。据说，美国大学普遍实行“信誉规则”制度，新生入学先上一节大课，讲述这一制度，然后让每个学生在文件上签名。因此，一般情况下，他们的大学考试没有监考，甚至可以由学生自己决定什么时候做，在什么地方做，只要签名保证没有作弊就行。在他们看来，守信誉重诺言是人格的至高境界，是人的良心和操守的体现。

在北大执教的一位美国教授对一名作弊的中国学生说：“孩子，你的信誉价值连城，你怎么舍得用一点点考分就把它出卖了？作弊的代价太高了，实在划不来……一个作弊的民族怎么可能进步和强大呢？”

# 第十四课
# 拥有一颗公德之心



亲爱的女儿，最近，一条关注车窗垃圾的微博引起众多网友热议。

微博中称，每天车窗垃圾有100多吨，“也许只是一个不经意的坏习惯，却可能酿成悲剧”。随后，有网友在跟帖中说，经常能看到部分司机从车里向外扔东西。某官方微博据此作了调查，调查显示，62.5%的网友表示自己曾扔过车窗垃圾，94.7%的网友看见过别人扔车窗垃圾。所扔过的车窗垃圾种类上，53.8%的网友表示扔过纸团，接下来依次为饮料瓶及包装46.2%，塑料袋30.8%，烟头30.8%，其他15.2%。

众所周知，车窗垃圾的危害是非常大的。首先是影响行车安全。一位私家车主张娟介绍，一次自己开车经过杨家坪时，一个黑色塑料袋突然从前面的轿车车窗飞出并挡住她的视线，情急之下，她急打方向盘，差点撞上隔离带。其次是危及环卫工生命。威海市环卫局统计，近几年，保洁环卫工人为清理“车窗垃圾”平均每年遭遇三起交通事故。再次是影响道路排水。环卫工陈阿姨说，道路上的“车窗垃圾”很容易卷入路边下水道入口造成堵塞，遇大雨就会积水。此外，还容易形成致病污染源。不少扔出的早餐食品袋不易腐烂，若环卫工人未能发现它们，袋内的食品残渣就会持续发酵，滋生病菌和昆虫，成为致病直接污染源。

车窗垃圾既然危害那么多，那为什么还有那么多的人在扔呢？答案无疑是肯定的：社会公德意识的缺失。

一句话：车窗垃圾，扔掉的是社会公德。

网上一项“最缺乏公德的行为”的征集与调查活动，为人们勾画出几幅最常见的公德缺失现象：寂静深夜，手机短信惊醒梦中人，打开一看，原来是“二手车优惠广告”；新手初上路，贴上“实习”标签，望车友包涵照顾，哪料屡遭别车欺压；超市里，竟有人站在“请勿品尝”标牌旁细品慢尝；回到家里，想放松一下，岂料装修的敲打声此起彼伏，“你不睡，他不装；你一睡，他就装”……

其实，我们遇到的远远不止这些。公共通道、过街天桥常常被小商小贩占满，你必须费力地挤过去；在城市地铁口设有出站口和入站口，在出口的底部放着“止步”的牌子，但总有不少出站的人视而不见，逆行而出；会议室中明明挂着“禁止吸烟”的字样，但就是有一些人吞云吐雾；乘飞机、坐火车，大家在有秩序地排队时，总有几个人想加塞儿……

人们禁不住要问：社会公德为什么大面积丢失？

人是属于自己的，但也是社会的，他不可能孤立于社会之外，因此，遵守社会公德就成了人们在相互交往中不可忽视的一项。社会公德是什么？社会公德是一个国家、一个民族或者一个群体在长期的社会实践中所积淀下来的道德准则、文化观念和思想传统的集中体现。

说了这么多负面的例子，爸爸希望你见贤思齐，弘扬中华民族十大传统美德。那是中国古代道德文明的精华，是中国这个民族大家庭共存共荣的凝聚剂和内聚力，是中华民族道德人格的精髓和精魂。它包括这些方面：一、仁爱孝悌，二、谦和好礼，三、诚信知报，四、精忠报国，五、克己奉公，六、修己慎独，七、见利思义，八、勤俭廉政，九、笃实宽厚，十、勇毅力行。

除此之外，爸爸还希望你做到以下几个方面：

1. 文明礼貌。社会公共生活中人与人之间应该和谐相处，举止文明，以礼相待。自觉杜绝说脏话、随便猜疑、欺骗他人等恶习。这是处世做人最起码应该做到的。

2. 助人为乐。助人为乐、见义勇为是社会成员在公共生活交往中用以调整相互关系的最一般的行为规范之一。在公共生活中，人与人之间应该团结友爱，相互关心，相互帮助。对不法行为，每个公民都应当分清是非，挺身而出，智斗勇斗，见义勇为，都有责任和义务自觉维护社会治安。

3. 爱护公物。爱护公共财物是社会公德中极其重要的内容。尤其在公共场合更要注意这一点。要保护国家及公共财产不受侵犯。

4. 保护环境。为了保持社会公共生活的环境整洁和舒适，保障社会成员的身体健康，每个公民都应当讲究公共卫生、保护生活环境，这也是社会公共生活中人们应当遵循的最基本的行为规范。

5. 遵纪守法。法律是对公民行为的必要约束及规范，是对道德的补充。自觉遵守法律法规、纪律，是社会对每一个公民最基本的要求。

# 第十五课
# 守住我们的传统文化



什么是传统文化？所谓传统文化，就是文明演化而汇集成的一种反映民族特质和风貌的民族文化，是民族历史上各种思想文化、观念形态的总体表征。

你喜欢看的韩剧中，其中的天文学、历史文化等方面的剧情细节，以及“仁、义、礼、智、信、忠、孝、廉、毅、和”等儒家文化的生动展现，值得我们深思。反观我们的电视剧，充斥荧屏的抗日剧、谍战剧、宫廷剧、婆媳剧等，有多少历史地理、风土人情、传统习俗、生活方式、文学艺术、行为规范、思维方式、价值观念在里面？有多少中华优秀传统文化的生动呈现？是编剧的疏忽还是导演的轻慢？当然，这不是绝对的，还是有许多优秀的电视剧的，但就部分情况而言，我的观点：是快餐文化对传统文化的挑战，是“娱乐至死”对“教育优先”的冲击，是传统文化教育意识的社会性缺失。

2012 年，“诗圣”杜甫突然“很忙”，在网络蹿红。他被广大网友热烈追捧的缘由并非他的千古名句和忧国忧民的情怀，而是无数在微博和帖子上疯传的关于他的五花八门的涂鸦图片。在网友们笔下，杜子美忧国忧民的形象被颠覆了，不但“被”穿越到现代骑自行车、打篮球、打 CF 实战游戏，在电脑上写诗、在路边摆摊卖西瓜，甚至还变身为火影忍者、哈利·波特，甚而突破性别变成妖娆美女……“娱乐一下大众，无伤大雅”，当时，有人这么说。这句话反映的正是人们在快餐文化下享受狂欢盛宴的心态。快餐凸显“快”，但往往缺乏营养，多吃无益。快餐文化同样存在此类缺陷，不注重内在价值，不注重审美品位，不注重深厚积累，它难以如传统文化那样，构成我们作为中国人的特质，成为我们民族的表征。

那么，中国的传统文化有哪些呢？有诸子百家的文化，有琴棋书画的艺术，有源远流长的传统，有丰富多彩的民俗，还有神话传说、神仙妖怪、宗教哲学……

这里特别要提的是以儒家思想为指导的儒家文化。

儒家文化为春秋时期孔丘所创，倡导血亲人伦、现世事功、修身存养、道德理性，其中心思想就是前面所说的“仁、义、礼、智、信、忠、孝、廉、毅、和”。



“仁”就是“爱人”。体现在教育思想和实践上是“有教无类”，体现在政治上是强调“德治”。

“义”原指“宜”，即行为适合于“礼”。“义”是评判人们的思想、行为的道德原则，它维护的是整体利益，所以要“见利思义”，“先义后利”。

“礼”是道德行为规范与文明行为规范的总和。孔子讲“不学礼，无以立”，要求“约之以礼”，“齐之以礼”。荀子也讲：“礼者，所以正身也”，“礼以成文”。

“智”包括重视教育、重视文化、理性科学、求实批判、与时俱进等精神。孔子说“知者不惑”。他提倡“学而不厌，诲人不倦”，讲“格物致知”。

“信”即指真诚、诚信。孔子说“民无信不立”，孟子说“朋友有信”，《中庸》说“唯天下至诚为能化”，“诚者，择善而固执者”。

“忠”在古代具有尽心尽力、忠贞不贰、坚守正道等含义。在现代社会，

“忠”衍变为忠诚精神、奉献精神、爱国精神、敬业精神等等。

“孝”是最具中国特色的精神。中华孝道的内涵是：赡养父母长辈；敬爱父母长辈；继承父母之志；承袭祖先之德；事亲以礼；不自取其辱，不轻生毁己等等。

“廉”，一是指个人生活中的朴素精神与节俭精神，二是指公众生活中的廉洁精神。其所谓“克勤于邦，克俭于家”。

“毅”的本义是意志坚强，引申为自强不息、自我实现、探索创造、勇敢顽强等。孟子提倡“富贵不能淫，贫贱不能移，威武不能屈”。曾子说：“士不可以不弘毅，任重而道远。”

“和”有协调、和谐、适中、合作等含义。“礼之用，和为贵”，“和”包含团结统一、爱好和平、相容并包等精神。孟子说：“天时不如地利，地利不如人和。”孔子主张“君子和而不同”，坚持在建立和谐关系时必须坚持道义原则。

儒家学说经历代统治者的推崇，以及孔子后学的发展和传承，对中国文化的发展起到了决定性的作用。包括儒家文化在内的中华传统文化，虽然包含着特定时代的旧精神、旧风俗、旧习惯、旧道德，有着严重的时代、阶级和地域局限，但我们仍然应当看到，传统文化中间，仍有不可忽视的、超越时代的、需要继承的优秀遗产。例如，讲仁爱、重民本、守诚信、崇正义、尚和合、求大同的精神，就是今天我们要继承和发扬的东西，就是今天我们要守住的根。

去伪存真，去粗取精，五千年悠久灿烂的中华优秀文化，为人类文明进步作出了巨大贡献，是中华民族生生不息、国脉传承的精神纽带，是中华民族面临各种复杂环境仍屹立不倒，历经劫难而百折不挠的力量源泉。我们只有认同民族精神，传承文化传统，才能在心灵深处构筑起强大的“德性”支撑，培养起对国家、对民族的归属感和认同感。

# 第十六课 历史就是过去的事实



亲爱的女儿，讲一个历史故事给你听：

宋太祖赵匡胤有一回在园子里打鸟，几个大臣急急忙忙闯了进来，说有要事禀报，结果汇报的都是些鸡毛蒜皮的小事，弄得他很是恼火。偏偏又有人不知趣，顶撞说小事再小，也比打鸟要紧，于是被皇上用斧头柄锤掉了两颗牙齿。掉牙大臣还是不知趣，慢吞吞地把牙齿捡起来揣在怀里，这个挑衅的举动无疑是火上浇油，气得赵匡胤破口大骂：“你小子难道想拿牙齿作物证，去法院告我故意伤人吗?”掉牙大臣回答说：“微臣哪敢告皇上啊！只是，写历史的人恐怕会把今天的事情记下来。”这回，倒是赵匡胤知趣了，赶紧赔给掉牙大臣一笔损失费，算是“私了”。

这件事情表明，赵匡胤对写历史的人还是比较敬畏的，他希望自己能在历史上留个好名声，不要弄得灰溜溜的，动不动就给后人挖出来鞭尸、吐口水。一般而言，对历史心存敬畏的人，做起事来多多少少都有些顾忌，不会放出“在我死后，哪管它洪水滔天”之类没有人性的狠话，也不会刻意追求“史无前例”之类的伟大功绩。别的不说，至少在对待开国功臣上，赵匡胤的名声要比大开杀戒的刘邦、朱元璋好。可见，有敬畏和没有敬畏，实在可以说是判若云泥。

如果说赵匡胤的故事说的是对于正在发生或者即将发生的历史的敬畏的话，那么，德国政府和人民对二战的反思和忏悔则是对已经发生的历史的敬畏和尊重。

2005 年 4 月 13 日，柏林，时任德国总理施罗德与到访的韩国总统卢武铉联合举行记者招待会。施罗德在会上说“德国的经验表明，以‘审慎和自省’的方式正确对待本国历史不会失去朋友，反而将会赢得朋友”。据悉，施罗德是在记者招待会上回答记者有关亚洲国家可以从德国对待历史的做法上吸取何种经验时做上述表示的。

尽管纳粹德国当年发起的第二次世界大战酿成 600 万犹太人被杀，各国共计 5000 万人罹难的巨大悲剧，给欧洲各国留下了难以弥合的创伤，自身也背上了沉重的历史包袱。但二战结束后，德国能够正视这一页不光彩的历史，不断采取措施积极反省，并与其他欧洲国家一起，努力推进欧洲一体化进程。这种态度赢得了国际社会的广泛认同。

从 1970 年，当时的联邦德国总理勃兰特在华沙的死难烈士纪念碑前双膝跪地，到德国总统赫利发表著名的赎罪书，再到现今包括德国总理施罗德在内的广大德国民众的真诚忏悔，人们看到，一个强大国家的背后，是一群同样强大的、勇于承认过失的人民。勃兰特的下跪让欧洲明白了德国的心意。忏悔，也让德国赢得了世界的宽容与尊重。

忘却历史就意味着背叛。德国人没有忘记历史，更不想让他们的后代忘却历史。欧洲人民原谅了德国，世界人民接纳了德国。

历史是什么？历史是指自然界和人类社会的整体发展的过程，也指某种事物的发展和个人的经历。换言之，历史就是过去的事实。

一个民族，一个国家，对一路走来的全部历史，应该深怀敬畏，坦然面对。敬畏历史，就是敬畏当下。敬畏历史，就会对当下负责。你对历史负责，历史就会对你负责。

然而，有时候，认清历史真相并不是一件容易的事，盲目地批判和政治需要的歪曲都是普遍存在的现象。要想认清历史的真相、克服历史的局限，就既要多看书又要多思考，即便是对于无法客观厘清的罗生门，也要有自己的思考和观点，要始终坚持自己的思想和信念。不经过思考，不敢多思考，简单认识历史的普遍现象就是历史人物脸谱化和历史事件简单的阶级化。

亲爱的女儿，请你记住林肯所说的话："你可以在某个时段欺骗所有人，你也可以长期欺骗一部分人，但你绝对无法在所有时间里欺骗全体人，这就是历史。"

# 第十七课
# 你的一生要有一个计划




生命是一笔上帝给每个人放在银行里的储蓄，究竟它有多少？没有人在生前知道，但有一点是真实的，我们都在一天天地消费它，直到有一天生命出现了赤字。人的生命用减法，价值实现用加法。在这里，加法和减法之间并没有恒等关系，也就是说，减去多少，并不意味着增加多少。在这里，昨天是使用过的支票，明天是未发行的债券，只有今天才是现金，才可以使用。

那么，怎样使每一个“今天”都不“平庸苍白”或者“碌碌无为”呢？你要有目标，使人生不会盲目；你要有追求，使人生充满动力。

美国前总统罗斯福的夫人在年轻时从本宁顿学院毕业后，想在电讯业找一份工作，她的父亲就介绍她去拜访当时美国无线电公司的董事长萨尔洛夫将军。萨尔洛夫将军非常热情地接待了她，随后问道：“你想在这里干哪份工作呢？”“随便，”罗斯福夫人回答。“我们这里没有叫‘随便’的工作，”将军非常严肃地说道：“成功的道路是由目标铺成的！”

有了目标，有了追求，接下来，还要有计划。从生命到生活，从生活到生涯，你的人生需要一个设计。

一个人从生下来到死亡，或者说一个人的一生，可以划分为不同的阶段，如幼年、少年、青年、中年、老年等。而在生命期内起决定作用的则是工作，这是人生存、发展的前提条件。人的一生大部分时间与职业有关。把职业当作事业来追求，会使人生变得主动。生命是一条河，事业相当于一条船。在河上漂泊，你迟早，也是总得有一条船。船只为了漂泊，而漂泊不是为了船。在生命的河流中，你驾船而行，欣赏着一路风景，激荡起波光粼粼。这个时候，所驾驭的船只是大是小，已显得不再那么重要……

千万别以为学生还没有踏上工作岗位就不在这个阶段。美国著名职业指导专家金斯伯格把人的职业发展阶段分为三个时期：幻想期、尝试期和现实期，其中幻想期就是指11岁前，尝试期则是指11岁~17岁间。与此相同的是：几乎在所有的职业发展理论中，都可以找到和我们的中小学阶段相对应的职业阶段。比如，休普理论中的试探阶段，萨帕理论中的成长和探索阶段，格林豪斯理论中的职业准备阶段……



让我们从比尔·拉福的职业生涯设计中来获得一些启发吧——

中学毕业之际，比尔·拉福就立志经商。他的父亲是洛克菲勒集团的一名高级职员，他发现儿子有商业天赋，机敏果断，敢于创新，但缺乏历练，没有经验，知识储备也不足。于是，拉福父子进行了一次长谈，共同制订了计划，描绘出职业生涯的蓝图。拉福听从父亲的劝告，升学时没有直接去读贸易专业，而是选了工科中最基础最普通的专业——机械制造。这着棋很绝妙，因为做商贸必须具备一定的专业知识，以了解产品的性能、生产制造情况，并保证贸易的收益。况且，工科学习不仅可以帮助一个人掌握一定的知识技能，它还会帮助你建立一套严谨求实的思维体系，训练你的推理分析能力，使你形成一种脚踏实地的工作态度，这种素质对经商帮助极大。比尔·拉福就这样在麻省理工学院度过了四年。他没有拘泥于本专业，还广泛接触了其他课程，学习了许多化工、建筑、电子方面的基本知识，这些知识在他后来的商业活动中发挥了不可忽略的作用。

大学毕业后，比尔·拉福没有立即一头扎进商海。按照原先的设计，他开始攻读经济学的硕士学位。商业毕竟不是工业，它是一种经济活动，有其本身的规律和特征。在芝加哥大学为期三年的经济学硕士课程的学习使他掌握了经济学的基本知识，深入了解了经济规律，搞清了影响商业活动的众多因素。他还特意认真学习了有关的经济法律。他更注重学习微观经济活动的管理知识，而不把主要精力用来研究理论经济学。几年下来，他在知识上完全具备了经商的素质，而且对会计、财务管理也较为精通。

让人感到意外的是，比尔·拉福拿到硕士学位后居然没有立即投身商海，而是考了公务员，去政府部门工作。原来，他的父亲深知，经商必须有很强的交往能力，必须深知处世规则，充分了解人的心理特征，善于与人交往。这种开拓人际关系的能力是任何学校都学不到的，只有在社会上、工作中才能得到锻炼，而最佳的去处就是政府部门。比尔·拉福在政府部门一干就是五年，他从一个稚嫩的热血青年变得机敏、老练、处变不惊。他在后来的商业生涯中从未上当受骗，这都归功于他在政府的五年锻炼。此外，五年的政府机关工作，也让他结识了大批各界人士，使他建立起一套属于自己的人脉资源网络。

五年的政府工作结束后，比尔·拉福已完全具备了成功商人所需的各种条件，羽翼丰满了。于是，他辞职下海，去了父亲为他引荐的通用公司熟悉商业业务。又经过两年，他已熟练掌握了商情与商务技巧，业绩斐然。这时候，他不再耽搁时间，婉言谢绝了通用公司的高薪挽留，跳出来开办拉福商贸公司，开始了梦寐以求的商人生涯，正式实施多年前的计划。功夫不负苦心人，比尔·拉福可谓水到渠成，他的生意进展得异常顺利，公司成长速度奇快。20年后，拉福公司资产从最初的20万美元发展为2亿美元。

1994年10月，比尔·拉福在接受《中国青年报》记者采访时说，他的成功就在于他在父亲的指导下，制订了一个重要的人生发展规划，这个规划最终使他功成名就。的确，比尔·拉福的人生发展计划脉络清晰，步骤合理，充分考虑了自己的个人兴趣，个性特长，着重突出了职业技能的培养。这份计划在他坚持不懈的努力下，最终变成了现实。

亲爱的女儿，在钦佩比尔·拉福的同时，你从中得到了什么样的启迪？爸爸只是想告诉你，职业生涯设计基本上可以分为觉醒、确立目标、职业生涯策略、职业生涯评估四个步骤。你有没有觉醒？如何觉醒？你的目标又是什么？爸爸很乐意听听你的想法。冬天计划，春天播种，夏天耕耘，秋天收获。成功并不神秘，只不过是按计划执行，你说是吗？

# 第十八课
# 学会管理自己的时间





“时间就是生命”、“时间就是效率”、“时间就是金钱”……诸如此类的描述我们每个人都可以脱口而出。对待时间的方式，可以决定我们的命运，并且显示巨大的不同。我们的手中，握着的可能是失败的种子，也可能是成功的无限潜能。

我们需要做的，是学会管理自己的时间。

古今中外一切有大建树者，无不惜时如金。古书《淮南子》有云：“圣人不贵尺之璧，而重寸之阴。”汉乐府《长歌行》有这样的诗句：“百川东到海，何时复西归？少壮不努力，老大徒伤悲。”晋朝陶渊明也有惜时诗：“盛年不重来，一日难再晨，及时当勉励，岁月不待人。”唐末王贞白《白鹿洞》诗中更有“一寸光阴一寸金”的妙喻。法国作家巴尔扎克把时间比作资本。德国诗人歌德把时间看成是自己的财产。鲁迅先生对时间的认识更深刻，他说：“时间就是生命。无端地空耗别人的时间，其实无异于谋财害命。”法拉第中年以后，为了节省时间，把整个身心都用在科学创造上，严格控制自己，拒绝参加一切与科学无关的活动，甚至辞去皇家学院主席的职务。居里夫人为了不使来访者拖延拜访的时间，会客室里从来不放坐椅。76 岁的爱因斯坦病倒了，有位老朋友问他想要什么东西，他说，我只希望还有若干小时的时间，让我把一些稿子整理好。

的确是这样，如果你有 3 万元钱，丢掉了 300 元，你会很心疼；然而，你在无聊中浪费掉了 300 天，却可能没往心里去。你可曾想过，前者是财富的 1%，而后者是生命的 1%。如果没有认识到这一点，那就太遗憾了！按 82 岁的寿命计算，人的一生只有 3 万天。去掉童年、暮年、生病、吃饭、睡觉的时间，真正用于工作、学习的时间就更少了。

那么，作为一名学生，怎样学会科学地利用时间呢？你需要学会时间管理。

所谓时间管理，是指用最短的时间或在预订的时间内，把事情做好。这里面最重要的是如何减少时间浪费。浪费时间的原因有主观和客观两大方面。这里，我们来分析一下浪费时间的主观原因：做事目标不明确；做事拖拉；缺乏优先顺序，抓不住重点；过于注重细节；做事有头无尾，没有条理，不简洁，简单的事情复杂化；不懂得利用良好的人际关系；不会拒绝别人的请求；消极思考。



下面我们来说说时间管理的基本原则吧。

1．要和你的价值观相吻合。你一定要确立个人的价值观，假如你无法确立明确的价值观，那你就很难知道什么对你最重要，那你分配时间时一定不会科学。时间管理的重点不在于管理时间，而在于如何分配时间。你永远没有时间做每件事，但你永远有时间做对你来说最重要的事。

2．设立明确的目标。成功等于你目标的实现，时间管理的目的是让你在最短时间内实现更多你想要实现的目标。你必须把今年的 4 到 10 个目标写出来，先找出一个核心目标，然后据其重要性依次排列，再依照你的目标设定一些详细的计划，最后就是依照计划开始行动。

3．改变你的想法。美国心理学之父威廉·詹姆斯从对时间行为学的研究中发现这样两种对待时间的态度："这件工作必须完成，它实在讨厌，所以我能拖便尽量拖"和"这不是件令人愉快的工作，但必须完成它，所以我得马上动手，好让自己能早些摆脱它"。当你有了动机，迅速踏出第一步是很重要的。不要想立刻改变自己的整个习惯，只需强迫自己现在就去做你所拖延的某件事。然后，从明早开始，每天都从你的 time list 中选出最不想做的事情先做。

4．遵循 20 比 80 定律。生活中肯定会有一些突发的、迫不及待要解决的问题，如果你发现自己天天都在处理这些事情，那表示你的时间管理并不理想。成功者花最多时间在做最重要而不是最紧急的事情上，然而一般人都是做紧急但不重要的事。

5．安排"不被干扰"时间。每天至少要有半小时到一小时的"不被干扰"时间。假如你能有一个小时完全不受任何人干扰，把自己关在自己的空间里面思考或者工作，这一个小时可以抵过你一天单位时间的学习或工作量，甚至有时候这一小时比你三天的学习或工作的效率还要高。

6．严格规定完成期限。帕金森在其所著的《帕金森定律》中，写下这段话："你有多少时间完成工作，工作就会自动变成需要那么多时间。"如果你有一整天的时间可以做某项工作，你就会花一天的时间去做它。而如果你只有一小时的时间可以做这项工作，你就会更迅速有效地在一小时内做完它。

7．做好时间日志。你花了多少时间在做哪些事情，把它详细地记录下来，早上出门（包括洗漱、换衣、早餐等）花了多少时间，上学路上花了多少时间，和朋友闲聊花了多少时间……把每天花的时间一一记录下来，你会清晰地发现浪费了哪些时间。这和记账是一个道理。只有找到浪费时间的根源，你才有办法改变。

8．理解时间大于金钱。用你的金钱去换取别人的成功经验，一定要抓住一切机会向顶尖人士学习。仔细选择你接触的对象，因为这会节省你很多时间。假设与一个成功者在一起，他花了40年时间成功，你跟10个这样的人交往，你不是就浓缩了400年的经验？

9．学会列清单。把自己要做的每一件事情都写下来，这样做首先能让你随时都明确自己手头上的任务。不要轻信自己可以用脑子把每件事情都记住，而当你看到自己长长的list时，也会产生紧迫感。

10．同一类的事情最好一次把它做完。假如你在做纸上作业，那段时间都做纸上作业；假如你是在思考，用一段时间只作思考；打电话的话，最好把电话累积到某一时间一次把它打完。当你重复做一件事情时，你会熟能生巧，效率一定会提高。

11．每1分钟每1秒做最有效率的事情。你必须思考一下要做好一份工作，到底先做哪几件事情对你高效完成工作最有利，列下来，分配时间把它们做好。



一项国际调查表明：一个做事效率低的人与一个做事效率高的人相比，其学习、工作效率相差可达10倍以上。

当然，过分强调效率，把时间卡得死死的，也会产生相反的效果，会使人失去增进感情、满足个人需要以及享受意外之喜的机会。

# 第十九课 “立即行动！”



在美国和欧洲，从德怀特·艾森豪威尔、理查德·尼克松、吉米·卡特、乔治·布什等美国历任总统，到纳尔逊·洛克菲勒、乔治·索罗斯、比尔·盖茨等企业巨子，到阿诺·施瓦辛格、大卫·贝克汉姆等文体巨星，他们在青少年时期都受到过一个人的决定性影响。这个人，就是美国成功学奠基人、最伟大的成功励志导师奥里森·马登博士。

奥里森·马登博士关于“行动”的诠释几乎无人能及。在这里，我没有理由不把他的精彩演讲奉献给你——

**拖延等于死亡**

你打算什么时候实现梦想呢？你在等什么？还有什么没准备好？你在等待别人的帮助还是等待时机成熟？

最消磨意志、摧毁创造力的事情，莫过于拥有梦想而不开始行动。

年轻人最容易染上的可怕习惯，就是明明已经计划好、考虑过、甚至已经做出决定的事情，却仍然畏首畏尾、瞻前顾后、不敢采取行动。对自己越来越没有信心，不敢决断，终于陷入失败的境地。

很多人喜欢订计划，在周密、工整的计划中获得部分满足。但是如果不能将计划变为行动，在若干年后看到这张纸只会感到深深的失落，尤其是，当看到同时起步的朋友已经实现了梦想的时候。

成功者都能理解这句格言："拖延等于死亡。"

"整个事情成功的秘诀在于，"阿莫斯·劳伦斯说，"形成立即行动的好习惯，才会站在时代潮流的前列，而另一些人的习惯是一直拖延，直到时代超越了他们，结果就被甩到后面去了。"

成千上万的人都拥有雄心壮志，为什么很多人没有如愿以偿，甚至在温饱线上挣扎？其中大多数人一直在拖延行动。并不是不想行动，只是想过一段时间再开始，这样一晃就是一生。

经常听人说："我知道今天该做这件事，但是今天我情绪不好、状态不好、条件不好、这样那样不好，这件事肯定做不好，还是以后再说吧。"于是他开始拖延。他把该做的事放在一边，去做那些比较容易、比较有趣的事。

这件事也许比较乏味、比较难，但是，一件事值不值得做，不在于它能带来多少乐趣，而在于它对人格发展、自我完善的作用。

其实他只需要强迫自己做一次，就能找到行动的感觉了。一件看起来很难的事情，有时候只需要几分钟就可以开个头，就能让他进入行动的状态、踏上成功之路的第一步，但是他拖延了一辈子也没付出这几分钟。

对他来说，行动为什么这么难？因为行动就意味着要承担一系列的责任，他下意识地惧怕承担责任。

不要害怕承担责任，要立下决心，你一定可以承担任何正常职业生涯中的责任，你一定可以比前人完成得更出色。世界上最愚蠢的事情就是推卸眼前的责任、等待"时机成熟"。在需要承担重大责任的时候，应该马上承担它，此时此刻就是成熟的时机。如果不习惯这样做，即使将来的条件比现在更好，我们也不敢肯定时机是否成熟。这样，就什么事也做不了。

造船厂有一种力量强大的机器，能够把一些破烂的钢铁毫不费力地压成坚固的钢板。善于行动的人就像这种机器一样，异常坚定，只要决心去做，任何复杂困难的问题都无法阻止他们。

一个目标明确、胸有成竹、充满自信的人，绝不会把自己的计划拿出来与别人反复讨论，除非他遇到了比他见识高得多、比他能力强得多的人。他有主见，迫切需要行动。不会在徘徊观望中浪费时间，也不会在挫折面前气馁。只要作出了行动的决定，就勇往直前。

是的，最重要的是立即采取行动，去做你想做的事情。“每天早晨起床后，”英国作家金斯利说，“不管你喜不喜欢，你都得有事做，强迫自己工作并尽最大努力做好，可以培养自控能力、勤奋、意志力等各种美德。在懒惰的人那里，是没有这些优点可言的。”

“立即行动!”

无论何时，当“立即行动”这个警句从你的下意识心理闪现到有意识心理时，你将恢复你的良好状态，调整你的现实处境；通过它，一个人能把可能被毁弃了的一天变成令人愉快的一天。

# 第二十课
# 懂得休闲是一种人生智慧



亲爱的女儿，这一课，我们来说说“闲暇”。

闲暇是指人们扣除谋生活的时间、睡眠时间、个人和家庭事务活动时间之外剩余的时间。换句话说，闲暇是指个人不受其他条件限制，完全根据自己的意愿去利用或消磨的时间。柏拉图曾将它理解为四层含义：1. 即“空闲”；2. 即从活动中获得自由；3. 一种自我控制的自由状态；4. 休闲状态。

拥有了闲暇时间，如何开展闲暇活动呢？也许你会选择随心所欲，“我的地盘我做主”；也许你会选择随波逐流，“耍酷到底”；也许你会选择随遇而安，“乱花渐欲迷人眼”。闲暇的本质是自由的，但自由并不意味着放纵、无约束或无视一个人在闲暇中对自己、对他人和对社会所负的责任。你应该想一想你的自然生命、社会生命和精神生命是否在这些闲暇活动中得到可持续的发展，是不是应该重新认识闲暇的重要意义。

首先，闲暇保证着人的身体与心智健康。有研究人员发现：当休闲活动不足时，身体与心智健康会退化；而当个体有足够的闲暇时间参与休闲活动时，就能维持身体与心智的健康；当个体有时间参与丰富的休闲活动时，身体与心智的健康会因此提升。

其次，闲暇的质量决定着人的生活质量和成长智慧。哈佛有一个著名的理论：人的差别在于闲暇时间，而一个人的命运决定于晚上 8 点到 10 点之间。每晚抽出两个小时的时间用来阅读、进修、思考或参加有意义的演讲、讨论，你会发现，你的人生正在发生改变，坚持数年之后，成功会向你招手。

那么，怎样充分利用闲暇呢？亲爱的女儿，在爸爸看来，充分利用闲暇可以在“发展兴趣、走进阅读、健康娱乐”这三方面着手展开。

第一，发展兴趣——“兴趣是最好的老师”。古人云：知之者不如好之者，好之者不如乐之者。有人研究过，如果一个人对工作有兴趣，工作的积极性就高，就能发挥出他全部才能的百分之八十到百分之九十，否则只能发挥百分之二十到百分之三十。达尔文在《自传》中曾说：“就我记得的我在学校时期的性格来说，其中对我后来发生影响的，就是：我有强烈而多样的趣味，沉溺于我感兴趣的事物，喜欢了解任何复杂的问题和事物。”达尔文青年时代的兴趣对他创立生物进化论起了重要的作用。兴趣和爱好可以形成一股强大的力量，推动着人们在自己的工作领域里辛勤耕耘，并取得辉煌的成绩。

第二，走进阅读——“一个真正的人应当在灵魂深处有一份精神宝藏，这就是他通宵达旦地读过一二百本书”。打开书，走进五彩缤纷的文字森林，我们总能在油墨的芳香中感悟并思考些什么。一个爱书的人，他必定不至于缺少一个忠实的朋友，一个良好的老师，一个可爱的伴侣，一个温情的安慰者。英国两任首相，政治家、画家、演说家、作家及记者，1953 年诺贝尔文学奖得主——温斯顿·丘吉尔在《阅读，一种业余爱好》中说：“最常见的消遣方式是读书，千千万万的人都能从丰富多彩的阅读活动中找到精神慰藉。图书馆是最能使人变得可亲可敬的地方。”

第三，健康娱乐——“人生最好有一种正当的娱乐，即使没有财富，也能拥有快乐”。娱乐是人追求快乐、缓解生存压力的一种天性。一位学生这样写到："农民累了，坐在陌上来一锅子旱烟；渔民累了，跳到水里舒舒服服地畅游一番；工人累了，伴随着机器发出的旋律来一段自编的舞曲；士兵累了，席地而坐，任一首首充满力量的歌声流淌向远方。我们累了，可以在暑假里放松一下，乒乓球、篮球、音乐、电脑、散步、会友……内容永远是丰富多彩的。"其实，亲爱的女儿，你不必等到暑假再来放松自己，只要不一味地沉浸在娱乐的乐土里。

罗素说："能否聪明地用闲是对文明的最终考验。"余光中也说："天下的一切都是忙出来的，唯独文化是闲出来的。"可见，懂得休闲是一种人生智慧。

# 第二十一课
# 每天拥有一段孤独宁静的时刻




亲爱的女儿，一天之中有两个时刻最重要，一个是早上一觉醒来之时，另一个是晚上入睡之前。这两者如同一对“括弧”，括弧中间是你醒着的其他时间。如果你在这两个时刻是积极、愉悦的，则一天之内，你将能享受积极、愉悦的生活。

著名作家梭罗每天早晨做的第一件事，是告诉自己一个好消息。然后，他会对自己说，他能活在世间，是多么幸运的事。如果没有出生在世，他就无法听到踩在脚底的雪发出的吱吱声，也无法闻到木材燃烧的香味，更不可能看见人们眼中爱的光芒。于是，他每一天都满怀对生命的感激之情。

爱默生经常以愉快的方式来结束每一天。他告诫自己：时光一去不返。每天都应尽力做完该做的事。疏忽和荒唐事在所难免，尽管忘掉它们。明天将是新的一天，应当重新开始一切，振作精神，不要使过去的错误成为未来的包袱。他十分清楚，以悔恨来结束一天，实在是不明智之举。他就像一个关门人，在一天结束时，把门关上，将一切忘记。

但是孩子，爸爸以为仅此还不够，在一对“括弧”中间，你要拥有一段孤独宁静的时刻。

有一本书，名字叫《心灵的自救：重获内心安宁与自由的生活法则》。它的作者是一位在美国家喻户晓的牧师，同时也是教授的乔舒亚·列勃曼。

列勃曼教授在书的开篇讲了这样一个故事：年轻的时候，他列出了自己认为生命中最美好的事物：健康、爱情、美貌、才华、权力、财富、名望……然而，一位年长的智者看后对他说："亲爱的朋友，你漏掉了最为关键的一点。如果缺少这一点，拥有其中的任何东西都会变成可怕的痛苦，这就是：心灵的宁静。"

是的，在世间各种生命力中，唯有宁静最具有影响力。阳光静静地普照大地，人们的耳朵听不见任何声响，但是阳光给生命世界带来的生机无可取代。地球的吸引力也是沉默无声的，它没有机器的轰鸣声和铁链的铿锵声，更没有引擎轰隆的噪音，然而它操纵着月亮按照一定轨道运行不已。夜晚，露水悄然而降，润泽每一株小草、树叶和花瓣，使它们焕然一新。电的本源也不是轰隆的雷响，而是无声的闪电。大自然的奥秘隐含在安静之中，巨大的力量常常无声无息地进行。自然界的奇迹都是在静谧中酝酿，宇宙的巨轮无声地运转……



爸爸一生都愿体会美国作家考门夫人眼中这既喧嚣又宁静的世界。考门夫人这位虔诚的基督徒认为，处在这个嘈杂的时代，如果想保持圣洁，每天必须有一段孤独宁静的时刻。

平静是成熟，冷静是沉着，文静是优雅，恬静是舒适。而宁静，则是生活中真善美的绝佳体现。宁静不仅是一种环境气氛，而且还是一种理念，一种哲学，一种辨别社会行为的坐标，一种人生选择的向导。

在追求宁静的过程中，孩子，我希望你记住作家余秋雨的三句话：一是漠视争逐，二是忍受难堪，三是体谅对方。

漠视争逐就是漠视名利。这里不是说一味地排斥名利，而是说要注重人生的追求，注重自然归向。

忍受难堪就是忍受冷落，忍受敌对。当别人冷落你的时候，世界是不会冷落你的；生命的失控，最严重的是失控在与他人的敌对情绪里。

体谅对方就是体谅对方的言行举止特别是心态，做一些换位的思考。人难免有时候会缺乏理智，唯我独尊，但是不管怎样，还是应当去爱他。

曾任北京大学校长的马寅初先生活过了 100 岁。他有一个健身的秘诀，就是寒暑不论，每天用冷热水更替洗浴。20 世纪 50 年代他的著名的人口理论受到严厉批判，他也因此被撤销了大学校长的职务。他的儿子把这个坏消息告诉他时，他正在洗澡，听了只“唔”了一声，没再说第二句话。几十年过去了，他的冤案彻底平反，并获得了比过去更大的荣誉，当时他已百岁高龄，他的也已高龄的儿子把这个好消息告诉他时，他也是在洗澡，听了之后仍然是“唔”了一声，不再说什么。

孩子，我想告诉你，马老的这声“唔”，“唔”出的正是高贵，正是操守，正是人生的宁静。这恐怕也是他得以高寿的最重要的秘诀！

# 第二十二课 用信仰驯服内心的孟加拉虎



你还记得《少年派的奇幻漂流》这部电影吗？让我们一起来回顾一下这个关于“少年派”的传奇故事。

派的父亲开了一家动物园。因这样特殊的生活环境，少年派对信仰与人的本性自有一套看法。在派 17 岁那一年，他的父母决定举家移民加拿大以追求更好的生活，而他也必须离开他的初恋情人。

派从小就很了解动物的习性。在后来举家迁往加拿大时，在船上他们遇见一位残忍成性的法国厨师，与他们同船的还有动物园里的一些动物，派的父亲打算把它们趁机以高价卖掉。然而货船中途沉没，派的家人全部遇难。

日本货轮失事，派和救生艇被船上掉落的斑马砸进海里，他侥幸落在救生艇的舱盖布上得以生存。于是，他开始了在海上漂泊 227 天的历程，与他同时处在救生艇中的，除了那只断了一条腿的斑马外，还有一只鬣狗、一只猩猩以及一只成年孟加拉虎，由于海关官员的失误，这只孟加拉虎注册了一个正儿八经的绅士的名字：理查德·帕克。在救生艇上的最初三天，鬣狗活吃了斑马，咬死了猩猩，理查德·帕克又杀死了鬣狗。接着，17 岁的少年派海上生存的故事便开始了。

它是一场奇幻的漂流。一人一虎在茫茫太平洋上，一叶孤舟中，既互相对峙又彼此依存。满天星斗的夜空下，鲸从荧光闪闪的海面一跃而起。白天令人流连忘返，晚上却成为吞噬生命的食人岛。

少年派独自面对一片汪洋，文明世界已经远去，剩下的是赤裸裸的求生。他本能地生出了怕，怕突如其来的灾难和死亡，怕失去所拥有的一切，怕自己退转成为最原始的野兽。而怕到了最绝处，他竟然和这怕做了伴侣，适应它，拖着它挣扎求生。等到老虎终于头也不回地离去，他竟然不舍到痛哭流涕。他明白，是信仰给了他爱与希望，却是这恐惧与兽性，激发出他生存的力量。这就是人类渺小而又强大的生命的缩影。

《少年派》不是童话，而是寓言。因此，根据扬·马特尔风靡全球的同名小说改编而成的这部影片没有倾注全部精力去强化海上历险，相反却在前面花了大量篇幅探讨一个男孩的精神成长历程。这些看似与海上漂流无关的情节其实至关重要：童年时期改名字，正是一个人试图摆脱自己生来就被外界赋予的东西；而对各类宗教的接触和思考，则给他艰苦卓绝的海上历险提供了强大的信念。可以说，信仰不一定是宗教的，它更是一种朝向真善美的信念，相信黑暗尽处有光明，便可勇敢地在黑暗中前行。世界有残忍也有美丽，你可以选择其一。

对于这部上映以来好评不断的影片，导演李安说，《少年派》讲述了一个男孩变成男人的故事，“漂流的过程有两个阶段，前半段就是求生存，这个历程有一个人的成长的寓意在里面。派面对的自然就是现实，一切的东西不能有任何的幻想，不是生就是死。派的父亲教了他很多求生技能和人的基本观念，例如不要相信幻觉，你在老虎眼睛里面看到的只是自己情感的投射。后半段，他已经能够生存了，生活得不错了，在海上似乎可以无限度地漂流，需要面对的最大的敌人是他的勇气，怎么样能够不发疯，需要信仰，需要精神力量。所以是两个阶段，前半段是物质的部分，后半段是幻觉部分。所以，我们叫‘奇幻漂流’，因为精神方面也需要奇幻。”

李安说，信仰是玄之又玄的。“人不相信不可相信的东西，人的存在好像又没有意义。所以，我们需要精神生活。道家讲，虚是一切的本源，真理的所在。实的东西其实是一个映射，是假的，玄之又玄，但你不可以等闲视之。虚构的东西，我们摸不着，但它反而最真实。我活到现在，越来越觉得，感性更重要。人生大概是这么回事，心里追求的感性也许不都是光明的，那是人的真性，很可贵，真正的个性里潜伏着老虎。”

李安说，派面对的是自己的精神内在，而并不是宗教。“我们都想搞清楚生命和宗教，但是，世界上有着宗教所引发的严重冲突，让我觉得世人需要一个共同点。派热爱每一个宗教，当他被独自丢在海上、面对大自然时，神成了一个抽象的概念。他的身边没有任何有组织的宗教。他没有社会或是人际关系。他得创造自己的信仰，他得面对他的神智，而这一切都非常之有趣。这个故事的主题真的切中了生存的核心。”



其实，每个人内心都住着一只孟加拉虎，散发着原始的野性，但是信仰可以驯服它。派有了信仰，所以才会坚信自己一定会活着；派在努力克制着自己另一半的罪恶，他不想像那个厨师一样泯灭了人性。

在派这里，信仰是一种朝向真善美的信念。

# 第二十三课
# 心存目标积极地成长




有人说，生命的本义是成长，生命就是心存目标积极地成长。以浪漫著称的法国人曾做过一项颇为严肃的民意测验，其结果显示，89%的人承认需要为了某些因素而活，更有甚者，61%的人承认他们肯为生命中的某个人或事物去死。

那么，心存目标的目标到底是什么呢？某些因素到底是哪些因素？某个人或事物到底是不是已在身边？答案因人而异，因日而异，甚至因时而异。

这里有一个庞大的价值系统呈现在我们面前——不，也许应当说是弥漫在我们周围。人生就像走进了一个超大型的购物广场，面对琳琅满目的商品，在进行一场关于消费的活动。

你可以购买诸如生存、健康、幸福、友谊、助人（在一定程度上）、自尊、自由、自我实现等等的基础价值。

也可以购买包括良知、豁达与远见、整体感、惊奇、感激、希望、独立与超然、谦恭、爱、儒雅与和善等等的精神价值。

还可以购买例如谨慎、责任、勇敢、自制、可靠、真诚、诚实、公正、无私等等的道德价值。

当然，写着和平、正义、宽容、参与、合作、分享、忠诚、坚定、权利、义务等等的社会、政治，乃至宗教价值也摆在货架上任你挑选。

而这所有的一切，往往都以一份食品、一种友情、一场遭遇、一个信仰等等具体价值的形式呈现，并且通过必要的中介价值——比如良好的家庭关系、正常的社会交往、必要的财务保障等等来实现。

那么，我们该怎样选择人生？人生选择关乎人的命运、人的尊严、人的价值，乃至人的生命。让我再讲个古希腊神话给你听。

古希腊神话里有个大英雄叫赫拉克勒斯，他在人生选择的十字路口遇见了两位女神。这两位女神，一位叫“美德”，高贵而礼貌，她为赫拉克勒斯指出了一条通往美德的遥远艰难、压力极大、险象丛生的道路，她同时告诉赫拉克勒斯：你要“经过努力和辛苦……你必须耕种……你必须学会战斗的技术……你必须工作和流汗”。另一位女神叫“享受”，涂抹着香粉和香水，艳丽而傲岸，她为赫拉克勒斯指出了一条轻轻松松享受一切的道路——“没有你体验不到的快乐，也没有你不能避免的不幸！你不会经历任何战争、不会经历任何艰难的尝试。你不需要花费心思，你可以享受丰盛的饮食和美酒，享受耳目视听之乐，享受身体和肉感的满足。”



赫拉克勒斯选择了美德女神指引的道路。赫拉克勒斯的选择，其实是生存之轻与生存之重的选择。

米兰·昆德拉在他的《生命中不能承受之轻》中以其独特的生命视角、冷峻且蕴涵某种智慧的思虑，审视了人类灵魂的空虚与充盈，诠释了生命之中某种不曾泯灭的真理。他有这么一段有关生命轻与重的叙述：

“沉重便真的悲惨，而轻松便真的辉煌吗？

“最沉重的负担压得我们崩塌了，沉没了，将我们钉在地上。也许最沉重的负担同时也是一种生活最为充实的象征，负担越沉，我们的生活也就越贴近大地，越趋近真切和实在。相反，完全没有负担，人变得比大气还轻，会高高地飞起，离别大地亦即离别真实的生活。他将变得似真非真，运动自由而毫无意义。

“那么我们将选择什么呢？沉重还是轻松？”

是啊，我们该选择沉重还是轻松呢？

选择沉重就意味着主动追求生存的意义，努力实现自我的价值，勇敢地面对生活的挑战，负责任地承担起自己应尽的义务。这样一种生存方式会给我们带来压力——外在和内在的两种压力。这些压力使我们活得很累，身体累，心也累，紧张而又疲惫，而且由于不堪重负或苦苦追求而不可得，往往还会产生痛苦和烦恼，甚至怀疑或否定这样生存的意义和价值。

选择轻松则意味着主动躲避生活的压力，主动放弃人生的追求，蔑视别人所重视的理想、使命、崇高、神圣，不为名利所累，不为困境所烦，不为责任义务所用。不强迫自己，看破红尘，游戏人生，只求活得随意，活得轻松，只求舒服清闲，不用费神甚至麻痹头脑的感官享乐。

爸爸妈妈选择的是沉重。是的，我们有很多的生活负担，把你从小带大，养育好、教育好你就是其中的一项；让奶奶、外公、外婆安度幸福的晚年，让全家过上红火的日子，当然也是其中的内容。我们还有各自的人生追求，爸爸希望成为一名有个性的语文教师，记住学生，并让学生乃至学生家长记住；而妈妈则希望成为这个世界上最幸福也是最成功的家长之一，培养出一个出色而又孝顺的女儿。我们尽管压力很大，很沉重，但脚下踏实，内心充实，有着自我实现的追求和满足。

爸爸妈妈拒绝的是轻松。是的，我们不愿意自己成为“多余人”毕巧林，也不愿意养成慵懒、怠惰、麻木、萎靡不振、意志消沉、无所事事的“奥勃洛摩夫性格”，更不愿意选择以物质满足和肉欲满足为主题的19世纪法国“世纪儿”的生存方式，尤其拒绝成为嘲弄一切、亵渎一切、放浪形骸、惊世骇俗的“垮掉的一代”。因为那样尽管轻松自在，但也散漫麻木，甚至空虚无聊。丧失了生存的价值和意义，人就像被剥去了衣服，抽掉了灵魂，只剩下肉体一具，是没有什么真正的幸福可言的。

西谚有云：“生命的意义不在于长短，而在于内容。”

泰戈尔写道：“生命因世界的需要而发现它的财富，因爱的需要而发现它的价值。”

# 第二十四课
# 自我负责的时代已经来临





亲爱的女儿，让我再讲个故事给你听。

1920年，一个11岁的美国男孩踢足球时，不小心踢碎了邻居的玻璃，人家索赔12.5美元，当时12.5美元可以买125只生蛋的母鸡。闯了大祸的美国男孩向父亲认错后，父亲让他对自己的过失负责。儿子为难地说："我没钱赔人家。"父亲说："这12.5美元借给你，一年后还给我。"于是这个男孩开始了艰苦的打工生活，经过半年的努力，终于挣足了12.5美元，还给了父亲。这个男孩就是后来成为美国总统的里根。

里根后来回忆这件事时说，通过自己的劳动来承担过失，使他懂得了什么叫责任。

什么叫责任？责任是分内应做的事情，也就是承担应当承担的任务，完成应当完成的使命，做好应当做好的工作。责任有丰富的内涵，可以按不同层次、不同形式来区分，可以从不同领域、不同角度去认识。责任无处不在，存在于生命的每一个岗位。父母养儿育女，儿女孝敬父母，老师教书育人，学生尊师好学，医生救死扶伤，军人保家卫国。人在社会中生存，就必然要对自己、对家庭、对集体、对国家承担并履行一定的责任。责任有不同的范畴，如家庭责任、职业责任、社会责任、领导责任，等等。这些不同范畴的责任，有普遍性的要求，也有特殊性的要求。责任只有轻重之分，而无有无之别。责任是一种客观需要，也是一种主观追求；是自律，也是他律。一切追求文明和进步的人们，应该基于自己的良知、信念、觉悟，自觉自愿地履行责任，为国家、为社会、为他人做出自己的贡献。无论是道德责任，还是法定责任，都不以个人意志为转移。不履行道德责任，会受到道德的谴责和良心的拷问；不履行法定责任，会受到法律的追究和制度的惩处。责任和权利是对应的、统一的。没有无责任的权利，也没有无权利的责任。一个人的权利，往往是他人的责任；一个人的责任，往往是他人的权利。享受一定的权利，必须尽到相应的责任；尽到一定的责任，才能享有相应的权利。



联合国教科文组织在其《学习——内在的财富》报告中指出："事实上，社会的每一个成员在其职业、文化、结社和消费活动中，每天都应承担自己对他人的责任。"

席勒在救助了一位面临穷途末路而想自杀的神学院学生后，写下《欢乐颂》赠给他。这位伟人的遗孀回忆说："他活在世上，将整个生命与爱都献给了这个世界。"恩格斯回忆燕妮时说："如果说，世界上有人把别人的幸福当作自己的幸福，那就是她。"世纪老人冰心 1924 年在美国墨特佛写下："爱在左，同情在右，走在生命路的两旁，随时播种，随时开花，将一径长途，点缀得花香弥漫，使穿枝拂叶的行人踏着荆棘，不觉得痛苦，有泪可落，也不是悲凉。"

一位中国留学生留学归来，当她看到我们的市区大气污染严重，人们乱丢生活垃圾时，非常感慨。她在杂志上为读者讲述了一位堪培拉小男孩爱护环境的故事。

一天，她与几个朋友到堪培拉国家公园去游玩。忽然间，天空乌云密布，游人们都收拾好物品忙着离去。突然，在她们的视线里闯进了一个金发小男孩，他在草地上追逐着一张废纸。风似乎在和这个小男孩开着玩笑，眼看他的小手就要抓住废纸了，可是风又把那张纸掀得老高。这个小男孩一直在草地上跌倒了又爬起来，最后终于捉到那张废纸。雨开始下起来，雨打湿了他的头发和衣衫，他手里拿着那张纸在雨里跑，最后把它扔到废物箱里。然后，他心满意足地跑出了国家公园……

堪培拉的小男孩为我们上了生动的一课：责任，落实在日常生活的每一个细节之中。在你的日常生活中，爸爸建议你做做以下的事情：

向环保专家请教一些日常生活的绿色策略，并且努力去践行；

和同学们一起开展“亲情体验周”活动，回到家后承担一定的家务，每天做一些力所能及的事情，如帮父母捶背、倒开水、梳头等；

想一想，你曾经和谁有过矛盾或者小小的摩擦，找到这个人，先听他说说他内心的感受，然后告诉他，你在这场摩擦或者误会中应当承担的责任；

把你每天说过的有分量的话（比如承诺、计划、决定）记下来，每周做一次检查，看有没有践行以及践行的效果；

收藏一面国旗，并且在适当的时候使用它；

积攒一些零花钱，不定期把它们捐献给你认为应当捐献的人……

# 第二十五课
# 看到自己的价值



亲爱的女儿，生活中，我们很容易看到别人的优点，像某人很漂亮啦，工作能力很强啦，人缘很好啦，但我们很少能看到自己的长处及自己的价值。

这也许是一种传统教育下过度谦虚的表现，因为要严于律己，所以对自己的要求与批评就很多，期望也就过高，常常形成否定自己的心态；认为自己很多地方都不够好，久而久之，就产生自卑感，失去了自信心，认为自己的存在没什么价值，因而活得非常消沉，甚至厌世。

有鉴于此，美国的赫里丝女士发起了一场叫做“蓝色缎带”的运动，希望能在2000年的时候，每一个美国人都能拿到一条她设计的蓝色缎带，上面写着“Who I am makes a difference”，也就是“我可以为这个世界创造一些价值”的意思。她到处散发这样的缎带，鼓励大家把缎带送给家人和朋友，以表达感谢之情。她还四处演讲，强调每个人的价值。结果因为这些缎带的传送，还引发了许多感人的故事，也改变了许多人的生命进程。

其中有一个故事发人深省。

有一次，这位女士给了一个朋友三条缎带，希望他能送给别人。这位朋友送了一条给他不苟言笑、事事挑剔的上司，他觉得由于这位上司的严厉使他多学到许多东西，另外他还多给了这位上司一条缎带，希望这位上司能拿去送给另外一位影响他生命的人。这位上司非常惊讶，因为所有的员工一向对他是敬而远之。他知道自己的人缘很差，没想到还有人会感念他严苛的态度，把它当做是正面的影响而向他致谢，这使他的心顿时柔软起来。

这位上司一个下午都若有所思地坐在办公室里，而后他提早下班回家，把那条缎带给了他正值青春期的儿子。他们父子关系一向不好，平时他忙着公务，不太顾家，对儿子也只有责备，很少赞赏。那天他怀着一颗歉疚的心，把缎带给了儿子，同时为自己一向的态度道歉，他告诉儿子，其实儿子的存在带给他这个父亲无限的喜悦与骄傲，尽管自己从未称赞儿子，也少有时间与儿子相处，但是他是十分爱儿子的，也以儿子为荣。

当他说完这些话时，儿子竟然号啕大哭。儿子对父亲说：他以为父亲一点也不在乎他，觉得人生一点价值都没有，他不喜欢自己，恨自己不能讨父亲的欢心，正准备以自杀来结束痛苦的一生，没想到他父亲的一番言语，打开了他的心结，也救了他一条性命。这位父亲听了儿子的话吓得出了一身冷汗，自己差点失去了独生的儿子而不自知。从此，这位父亲改变了自己的态度，调整了生活的重心，也重建起亲子关系，加强了儿子对自己的信心。就这样，整个家庭因为一条小小的缎带而发生了彻底的改观。

蓝色缎带为什么会有这么大的魔力呢？

因为它是一个提醒，提醒我们看到自己的价值；提醒我们要接受自己、关爱自己。我们是可以创造奇迹、创造不同的人，不论我们是谁，都有这样的能力。也只有如此，我们才能看到这世界美好、光明的一面，也才能生活得愉快，真正地去爱，去创造生命。

我们有很多时候，并没有和自己在一起。尽管吃饭是用自己的嘴在吃，走路是用自己的腿在走，穿衣是用自己的手在穿，睡觉是用自己的身体在睡。可是我们太在意别人的感受，生怕别人嫌弃你吃饭的声音，生怕别人嘲笑你走路的姿势，生怕别人评点你周身的穿戴，生怕别人听到你梦中的呓语。我们把自己交给了别人，我们的灵魂成了别人的奴隶！

为什么不找回自己，在不该妥协的时候，对别人说“No”；在受人溢美的时候，对自己说“No”呢？一个人是对的，他的世界也就是对的。一位伟人说：“要么你去驾驭生命，要么是生命驾驭你。你的心态决定谁是坐骑，谁是骑师。”的确，心态是你真正的主人。

# 第二十六课 淳朴家风不可丢



亲爱的女儿，这节课，我想和你谈谈家风。家风俗称门风。《颜氏家训》中说："笃学修行，不坠门风。"

那么，我们家的家风是什么呢？亲爱的女儿，请你记住这三条：诚实坦率，勤勉向上，秉持自我。

第一，诚实坦率。诚实和坦率会使你易遭伤害，但是不管怎样，还是应当诚实坦率。爸爸在20世纪90年代的时候，有过一次工作调动的机会，是由学校调到教育局某个部门工作。当时的人选有三个，即号称当时当地教育系统的"三支笔"：一个是我；一个是我的朋友兼同事；还有一个也是我的朋友，但在乡下的一所学校工作。分管局长找我谈过话，说第一人选是我，让我跟学校领导说说，争取放人。而在这个时候，两个朋友中，作为同事的那一个找到我，说无论如何要我帮他忙，让他去，要我在私交甚笃的分管局长面前举荐他。我没有任何的敷衍，立即当面给予了回绝。回绝的理由很简单：并不是我自己要去，而是我觉得首先应当让在乡下工作的那位朋友（也是同事的朋友）去，因为我们都知道，他在乡下那所学校，怀才不遇，简直无出头之日。同事怏怏而去，大为不快，甚至丢下“不是朋友”的话来，有好一阵子不理我。过了一段时间，我得到消息，说乡下那位朋友被局里任命为另外一所学校的副校长，算是有了用武之地。于是我立即主动打电话给同事，约了他去见分管局长，向分管局长力荐其能。回到家后，局长的电话就追了过来：怎么回事？不是说让你调吗？我说：的确，我也很喜欢这份清静自在的机关工作，但我和我同事比，第一，我年轻，相信以后还会有机会；第二，他在学校受过一些挫折，心理上有阴影，因此，他比我更需要调整岗位；第三，我觉得在这样一所学校做老师也挺好，我相信同样能出成绩。后来，那位同事如愿以偿调了过去，如鱼得水，发展极好。我们三个，从此友谊亦胜过从前。

第二，勤勉向上。如果你勤勉向上，有人会指责你别有用心，谋取私利，但是不管怎样，还是应当勤勉向上。你可还记得，在你6岁不到的时候，也就是1999年暑假，爸爸在南京参加江苏省高考作文阅卷，你和妈妈在宾馆等我，我每天回宾馆做的第一件事情，就是整理当天阅卷时抄来的作文——好的，差的。这些作文，都是在别人阅卷累了休息的时候，爸爸放弃休息，挥笔抄下的。后来阅卷一结束，我和妈妈就带着你，坐飞机赶到深圳去，自费参加全国中语会的一个研讨活动（甚至放弃了一次作为高三老师出去旅游的机会）。那天没有晚班飞机直飞深圳，我们是先飞到广州，然后由广州坐大巴到深圳，到了深圳再打的去了会议所在地——宝安一所学校。到达学校安顿住下已是凌晨一点，妈妈搂着你先睡了，我却没有睡，而是铺开稿纸，就在宿舍昏暗的灯光下开始写文章——《从1999年高考作文阅卷看当前的高三作文教学》，一直写到东方泛起鱼肚白的时候，我总算把五六千字的文章写完了。当时，你妈妈醒来看我太累（我记得当时流了鼻血），主动为我做了誊写。第二天在会议上，大家交流了对我这篇文章的看法，反响强烈，因为这是全国第一次在高考作文中出现有关“话题作文”的写作，我从阅卷第一线带来的情况，十分新鲜，见解也比较超前，而当时，深圳还处在阅卷没有结束的阶段。这篇文章，后来由全国中语会会刊《中学语文教学》隆重推出，紧接着，我在这本权威刊物上连续发表了好多篇教育教学论文，上了“封面人物”。很快，差不多一年一个台阶，我由一名普通教师迅速成长为当地最年轻的教坛新秀、教学能手、学科带头人、名教师、中学高级教师、教授级中学高级教师……在这样一个成长过程中，爸爸其实一点也不比别人聪明多少，如果说取得了一些成绩的话，那完全来自勤勉。成绩她总如一位纯情有志的姑娘，喜欢和慵懒者说“拜拜”，而向勤勉者抛绣球。

第三，秉持自我。人要在复杂的社会环境里生存下去，常常必须向社会妥协，必须顾及法律、道德、行为规范和人际关系，但是不管怎样，还是要秉持自我，不要成为他人评价、社会赞许的奴隶，更不要随波逐流、流于庸俗。可依，你若问我，女子一生最重要的是什么？我的回答一定是：美丽优雅高贵。是的，或许老天并不曾给你一个倾城倾国的惊世容颜，可是这并不妨碍你做一个美丽的女子，美丽是不需先天条件、没有年龄限制的，她在于后天的修炼，在于一举手一投足的优雅气质；优雅暗含着一种对世俗的抗争，抗争着不做一个低俗的人，而要具有这种抗争能力，必须不断地努力提升自己：在生活中尽显女性的温柔与妩媚，在工作中巾帼不让须眉，在任何场合都要将自己最美丽的一面展示出来；而高贵，是气质，是风度，更是内涵，或许此生你并不可能享受锦衣玉食、名车豪宅，可是满腹经纶，满心的笃定与安闲，比那些物质的享受更能滋养你的容颜。爸爸建议你有时间去了解一下一位叫做林徽因的女子。她16岁游英伦初登文坛，偶试身手，有模有样；然后就读宾夕法尼亚大学，转攻舞美，后来成为梁启超的儿媳妇，结婚照上她穿的婚纱是她自己设计的；再后来，她执教清华，随丈夫梁思成痴迷于飞瓦流檐，雕梁画栋，将中国建筑史做成了学问……一个美丽优雅高贵的女子是不会模仿与从众的，因为这会造成行为的定向化和人格的平庸化。一个美丽优雅高贵的女子是应当学会拒绝的，在违背自己做人原则的时候拒绝；在不符合自己兴趣爱好的时候拒绝；

在违背自己价值观念的时候拒绝；在可能陷入关系网的时候拒绝；在有损自己人格的时候拒绝；在助长自己和别人虚荣心的时候拒绝；在发生庸俗交易的时候拒绝；在面对违法犯罪行为的时候拒绝……当然，拒绝需要勇气，也需要胆量，更需要智慧。爸爸打算从今天开始给你做个表率，在拒绝抽烟的基础上前进一步：拒绝喝酒。尤其要拒绝（坚决拒绝）那种客套酒、排场酒、不是心甘情愿的逼迫酒。请你监督！

诚实坦率，勤勉向上，秉持自我，这，可谓我们家的家风，也许淳朴，但切不可丢。

# 第二十七课
# 以死亡为师

亲爱的女儿，我记得你小时候参加太姥姥的葬礼回来，问过我一连串关于死亡的问题。

你问，人为什么会死？我答，爸爸也不知道人为什么会死，但爸爸知道人的身体就像机器一样，用久了就会损坏，就像你的玩具车，玩久了，损坏了，无法修理了，就无法再动，人的身体也是如此。

又问，人死后去哪里？我答，也不知道人死后去哪里，但爸爸知道人的身体就像房子，房子倒了就不能住了；人死了身体就不能用了，每一个人死后都会让活着的人想念。

再问，死亡会不会痛？我答，死亡不会痛，人死后就没有呼吸也没有心跳，当然也就没有痛的感觉。

再问，为什么死掉的是我的太姥姥，而不是别人？我答，所有你爱的人，还有被爱的人，都不希望死掉。我们也不愿意离开他（她），他（她）也不愿意离开我们，其他的人也不希望他们所爱的人死掉。

问，死亡是不是睡着？答，看起来很像睡着了，但死亡不是睡着。因为睡着的人会再醒来，而且醒来会觉得很有精神。死去的人永远不再醒来。

问，我可不可以看到死去的太姥姥？答，你是不是很想念她？死去的人不会再回来，但是我们想她的时候可以看她的照片。我们没有办法再看到死去的人，但是我们可以看到她以前的照片，就像看到她本人一样。

问，为什么在殡仪馆看见有人很小的时候就死了？答，死亡是没有年龄限制的，有人在很小的时候就死了可能是因为生病，而这种病是没有办法治好的，或者是发生了意外。

问，我可以活到像太姥姥那么老吗？答，我希望你也能活得像太姥姥那么老。每一个人活在世界上的时间是不一定的，有人活得很长，有人活得短。但人生的价值和意义不只体现在活得长，有的人活在世界上的时间很短，但他留给社会很多，留给后人的印象很深，成为榜样。



问，难道医生、护士没有办法使人避免死亡吗？答，他们会很努力地挽救每一个病人，很多时候他们确实能延长许多人的生命。但是，无论怎么去努力，死亡终归是无法避免的，因为这是自然规律。

问，我想到太姥姥会哭，怎么办？我想到死会害怕，怎么办？答，有这些感觉是正常的，当你很悲伤、很害怕的时候，爸爸妈妈永远在旁边陪伴着你……

爸爸随时愿意回答你关于死亡的任何问题，我们一起来探讨。以死亡为师，我们才能认识到人生的无常，才能学会“真正地活着”。

是的，孩子，死亡确实是一件能够盖住我们大家的斗篷，从情感上来说，爸爸也不喜欢；但从生物学的观点来看，我们得承认它的公正性，承认它的力量和简朴。

个体的生命可以被延长，但是它永远也不能和死亡脱去干系。无论是在青春活泼的阳光里茁壮成长，还是在行将就木的阴影下步履蹒跚，由基因指挥的细胞死亡犹如一颗颗星星的陨落，亦似一座座城市的消亡。细胞的表面煮沸了，吱吱冒着热气，里面的DNA摇摇欲坠，有如地震中欲倾的圆柱，细胞的内脏炸开、爆裂，散入血液以便有机体快速吸收。这每天每时成百万千万的细胞死亡就像人生的小死；这每天每时的人生小死构成了我们最终的大死。

透彻理解了这一点，死是理所当然，我们还有什么可怕的呢？

况且在我看来，对于我们每个人来说，有限的生命都只是人类生命长河中的一闪灵光，是人类生命的一部分，是人类生命的一段链环。在我生命终结的时候，我会有这样的感觉：就像一个接力赛跑的人，我把手中的火炬交给了你，我的孩子。

# 第二十八课 以死观生，向死而生



如果我们去看病时，医生说："你的病情很严重，最多只能再活一个星期了。"这时，我们会去做些什么呢？也许我们会完全崩溃，因为我们的死期到了。我们会哭丧着脸告诉别人"我真是命苦啊，我活不了几天了"，然后痛苦不堪地打发剩下的日子。可是我们也可以选择快乐：去做几件自己喜欢做的事；开开心心地度过每一分钟；抓紧这一个星期的时间好好享受生命，好好活着。我们会告诉自己："我要做回我自己。我再也不想花自己的时间去取悦别人了。我再也不在意别人对我的看法了。生命只剩下一个星期了，我还管别人怎么看我干什么？我要做回我自己。"

死亡天使让我们学会珍惜和享受每一天，就像这天是我们生命中的最后一天一样，就像我们没有明天一样。每天早晨睁开眼睛时，我们都应该告诉自己："我醒了，我见到太阳了！我感谢太阳、感谢一切人、感谢一切事，因为我还活着！不错，又赚了一天！今天我还是要做回我自己！"

孩子，这就是爸爸妈妈的生活态度，这就是死亡天使给我们的教诲——坦坦荡荡，完全开放；抛却顾虑，无所畏惧。我们会好好对待自己所爱的人，我们会告诉他我们是多么爱他，因为我们不知道明天还有没有机会跟他说这些话。

从死亡天使那里，我们还能了解到"拥有"的真实含义。一切拥有都是暂时的，得到就是失去的开始，因此，不必过于执着计较。对已拥有的，要心存感激。因为，死亡天使说过："你所拥有的一切都是我的，不是你的。你的爱人、你的孩子、你的房子、你的车子、你的票子、你的事业——所有这些都是我的。我随时都可以把它们带走。凡你所拥有的，都并不恒久。"

把自己交给死亡天使，快乐才能变成永远。因为死亡天使能带走过去的一切，让我们活得更轻松、更洒脱。每分每秒，死亡天使都在清扫你心中的尘埃。这样，你才能怀着明镜般的心，尽情体验当下的精彩。

人类对死亡和时空的态度与意识以其观照点和观照方式的不同可以分为三类：即以生观死、等观死生和以死观生这三种观照方式。

第一种是以生观死，用生命掩盖死亡，时间意识大于空间意识。具体地说就是用生命这一概念来定义死亡这一概念，死亡即生命的终结，但同时用群体生命延续不息的表象取代了个体死亡的恐惧。这是人类原始的生命观。原始人不了解死亡，从而揣测死亡，部落中有人死去也是因为他触怒了神威，把死亡转化为另一种生命形式而继续存在。

第二种观照死亡的方式是等观生死，因彼岸幻化此岸，时间意识小于空间意识，即把生和死截然分割开或消弭其界限。从后者来说，就是庄子的"方生方死，方死方生"，也就是禅宗讲的妙悟——"迦叶尊者，拈花微笑"，一瞬而达于永恒，时间意识为零，剩下美丽而又诗意化的大空间；从前者来说，等观生死就是基督教讲的此岸和彼岸世界，天、地、人三界，即天堂、地狱、人间。人的现世之外，还有一个森严的末日审判之后的空间在，而这个死后的空间又可以囊括所有的时间流程。

第三种观照方式为以死观生。用德国新浪漫派诗人霍夫曼·斯塔尔的话说就是："只是因为我会死，我才感觉到我的存在。"以死观生，用死亡照亮生命，空间意识融合于时间意识中，人就是生活在此时此刻的空间之物，因顿悟到死亡的深邃和强度从而承担起生的重担，痛苦然而快乐。

孩子，让我们以死观生，向死而生，还是那句话——用死亡照亮我们生命的前程！

# 第二十九课 有一天我会安然离去



人们对死亡的认识，从古至今经历了一个由不认识到认识，由感性认识到理性认识的发展过程。直到20世纪60年代，循环和呼吸中止一直是死亡无可争辩的标志，而被所有的国家接受为医学上及立法上的死亡标准。但是，随着科学技术的不断发展和人类文明的进步，这种传统的死亡概念已日益受到挑战。据称，美国每年大约要花费15亿美元，昼夜不停地用药物、人工喂养及人工呼吸机，维持约1万个这样的人的生命，耗费着大量的金钱、时间和精力。这些人已不能复活，但用人工呼吸机等维持心肺功能的器械能使他们的“有用”器官较长时间存活。在这样一种情势下，脑死亡这种新的死亡概念应运而生了。

1968年，美国哈佛医学院一个由医师、神学家和律师组成的关于死亡定义的特别委员会提出了脑死亡的概念。随后美国许多州和世界上一些国家从法律上承认了脑死亡，并制定了判断脑死亡的大同小异的诊断标准。只有脑死亡才能科学地表示生命的结束。脑是人类的中枢，脑死了，一切都死了。

脑死亡的鉴定并不难，而要实施却不易，尤其是在咱们中国。中国是讲伦理的大国，积淀几千年，深于社会每一个角落，积于家庭每一个成员，植于生养，归于死亡。孔子的“未知生而焉知死”，庄子击瓦唱歌送妻死去所凭的“气”，海德格尔的“人是走向死亡的存在物”，都给伦理学注入了唯物论。这是一面。另一面，中国的伦理，东方伦理，给死亡注入了更多的“人情世态”，给实施脑死亡设置了重重障碍。脑死了，心脏在跳动，怎么就宣判这个人死亡了？心脏还跳动，怎么可以将肝、眼睛、肾脏移植给他人？人没死，要是医生作奸犯科，或谋杀或盗卖器官，怎么办？

孩子，爸爸在这里想和你说的是，推行脑死亡需要人类的坦然，需要人类的理解，它同样讲伦理，同样讲道德，同样讲情感，那是科学的伦理，科学的道德，科学的情感。一个已脑死亡而仅靠外在力量维持生命的人，一天需要花掉数百上千的费用，几年下来数十万，而脑死亡人的器官，可以救治许许多多器官受损害的人，无论是从节约医药资源、医疗资源来说，还是从对亲属和社会造成的负担来说，都是一个很大的问题。所以推行脑死亡，既是人类医学的进步，也有利于合理使用有限资源。



孩子，当爸爸有一天面临死亡，我会安然而去。积极迎接自然死，坦然面对脑死亡。孩子，请记着，如果没有希望恢复，不要进行过分的延长生命的治疗，而是要采取停止人工呼吸、人工透析、化学疗法、输血、静脉补给营养等措施，等待自然死。

让我知道死亡来临的预期时间，同时能理解预期结果。在这一段时间内能自主所发生的一切，并享有尊严和隐私权。

让我有机会选择死亡地点，包括家中或其他的地方。

让我有权减轻痛苦和缓解其他症状，能获得所需要的精神上或情感上的支持。

让我在任何地方都可以获得关怀，而不仅仅在医院，同时能获得所需要的任何信息与专门经验。

让我有道别的时间，并有权决定其他时间的安排；有权决定谁到场探视以及谁能来分享最后的时光；能在生前颁布遗嘱来确保自己的愿望得到尊重。

让我在永别之时及时离去，而不要无意义地拖延生命。

到时候，我希望你能够执行爸爸遗嘱上重要的一条，那就是遗体捐献和器官移植。我要把我具有完好功能的器官捐献给需要它的生命，尤其要把我的视网膜“赠给那善歌的盲妹”。这也是让爸爸生命延续的一种方式。根据这样的想法，我赞同以“脑死亡”而非以呼吸和心跳的停止作为死亡的标准。那样，需要器官的人们会从“心脏跳着的遗体”中获得更多的有用器官。

我会不会和死亡对抗呢？会的。但这种对抗不是愁眉苦脸的，而是笑意盈盈的。我坚信，面对死亡的笑，是生命最壮丽的笑。

# 第三十课
# 心清如水的馈赠



有限的肉体生命与无限的精神生命对应，才使人生变得充实；有限的生与无限的死对应，才激发了人类崇高而伟大的生命激情。死亡并不是生活的敌人，而是生活的朋友。因为死亡意味着我们的生命是有限的，有限的人生才显出时光的宝贵。光阴世界给我们的，让我们暂时保管一下，因此，我们必须尽最大的努力去承担这项重任。

一位外国作家打比方说，我们就像一群孩子，被允许在一个大的花园里度过一天的时光。我们在花园里度过的这一天对每个人而言都是不同的，但是如果我们懂得去欣赏、去体味，这一天中其实有着看不完的美景，享受不尽的欢乐和幸福。在这一天结束的时候，万能的花园管理员——死神就会出现在每个人的面前，然后会告诉我们："天已经晚了，该回家了。尘世的孩子们，到了你们睡觉的时间了。来吧，你们累了，躺在自然的怀抱中好好地安息吧。"

亲爱的女儿，明白了这一切，就让我们蓄一池清水在心头，时时拂拭吧——

拂拭的第一步——健康：身体是上帝赐予我们最神圣的礼物！记住这句话，孩子。你的肉体是灵魂寄居的基点，也是亲人和朋友关注的重心。也许在你身边发生的一些事情能帮助你更好地理解健康的含义，但孩子，别怨我在这里多一句嘴：珍爱你的身体，它不是仅仅属于你自己的。

拂拭的第二步——追求：唤醒你内心酣睡的巨人，他比阿拉丁神灯的所有神灵更为有力！积极的心态，明确的目标，正确的思考，勇敢的探索，自我控制，愉快的个性，首创精神，协作精神，热情，乐观……孩子，要坚信自己不会平庸。

拂拭的第三步——宁静：海纳百川，有容乃大。宽广的心胸，能赛过宁静的大海，也能赛过蔚蓝的天空。多为他人着想，就不会为自己的狭隘和自私而感到痛苦。你知道吗？现实社会中许多人的苦恼都是因为心灵没有一片宁静之所造成的。

拂拭的第四步——纯洁：坚守你应该坚守的一切，拒绝你应该拒绝的所有，让你的身体和心灵保持永远的单一纯净、不染尘埃。“多少人爱你青春欢畅的时辰，爱慕你的美丽，假意或真心。只有一个人，爱你那朝圣者的灵魂，爱你衰老了的脸上痛苦的皱纹。”如果有一天，当岁月改变了你的容颜，你却还保有纯洁的心灵，孩子，会有人爱你不渝！

拂拭的第五步——审慎：君子有所为有所不为。社会为我们早早画下了一道警戒线，它集聚了人类进化几十万年才得到的有限而又无尽的智慧，希望你能珍惜。在你未来广阔的生命空间里，会逐渐出现越来越多的各种诱惑，孩子，你要“冷眼”看，热心做，既不为浮华蒙尘，也别因害怕世俗而冷漠。你能做到。

拂拭的第六步——坦然：人生的惊奇实在太多了！哈雷彗星第一次划过天空时，人们以为世界末日来临，纷纷穷奢极欲，干尽过去不敢做的坏事，表现出劣根性的丑态，最终却什么也没发生。泰坦尼克号快要沉没的时候，船上的乘客有秩序地把救生艇让给了妇孺，让死亡走向自己，甚至还奏起了优雅的音乐，嘲笑死神的肤浅。两者之间，孰轻孰重呢？

拂拭六下，当你心清如水时，就能深深理解爸爸的这番馈赠。

# 第二辑

## 生日书

爸爸在下一个路口等你

# 几点心愿，不尽祝福

## ——10岁生日书



亲爱的女儿：

已过午夜12点，现在的时间，应该算是12月24日了。这个12月24日，是你的10岁生日。完成一天的工作计划，关闭所有的工作文档，转到你的房里去为你掖被子，见你搂着桃李依依阿姨送的唐老鸭睡得正香，忍不住坐在你的床头，多看了一会儿。

这时候的你一定是在梦里。你在梦些什么呢？梦你幼时的伙伴，让一块果味的糖？梦你初时的老师，奖一朵大红的花？还是梦你的爸爸妈妈，被你牵着苍老的手，走在山山水水的观光路上？抑或白胡子的圣诞老人，背了一背囊的天上星，来衬托你生日的烛光？

我猜不透你的梦。但我知道，梦里的你一定是在眯眯笑。你醒着时也是这样眯眯笑。快乐时眯眯笑，困难时眯眯笑，见人时眯眯笑，独个时眯眯笑，弹琴时眯眯笑，游戏时眯眯笑……即使背转身掉过了眼泪，回过头来，你还是眯眯笑。你眯眯笑起来，可爱的眼睛就剩下一线。那位姓卜的伯伯，干脆管你叫“笑眯眯”。

女儿，我喜欢你的笑，你的笑是我们家日历上最美的花朵；我感谢你的笑，你的笑一回回感染着我，让我学会了宽容，学会了珍重，学会了坦然，学会了释然。有很多次，爸爸身心俱惫，可看到你笑眯眯的神情，我在心里对自己说，为什么不能像女儿一样笑一个呢？这个世界上，有许多花过早凋谢，也有许多花错过了花期。

今天，爸爸准备好了你生日的礼物来献给你。几点心愿，不尽祝福。

你是平安夜出生的孩子，在10年前的那个平安夜，你用一声啼哭向世界宣告了你的到来。爸爸妈妈虽然没有像印第安人那样举行仪式，在你的眼睛以下嘴唇以上脸部涂抹上部落的色彩，然后将你高举过头顶迎向湛蓝的天空，让太阳的光辉灿烂地照耀在你的身上，但我们同样希望你一辈子都沐浴阳光的温暖与光明。我们希望你的一生就像一场蓓蕾初成、芙蕖临波、秋英染金、梅映雪香的花季，我们希望你的一生就像一幅红光暖尘、日影横江、风驰萧萧、雨洗新色的图画，我们愿你永远健康、快乐！



要实现爸爸妈妈的心愿，女儿，你首先要坚持锻炼身体。目前的你还处在长身体的时期，要使自己长得健壮，力所能及的锻炼是不可缺少的。你千万不要拒绝体育课，千万不要拒绝课间操。除此之外，你还可以通过室外走、跳、跑、攀登，做儿童健身操或运动量较大的游戏活动等，利用充足的阳光和新鲜的空气，达到使自己健康成长的目的。在进行室外锻炼的时候，要选择没有汽车、摩托车的空旷而安全的场地。我们会支持你的锻炼计划，爸爸一定挤出时间来多带你去郊游，并且在适当的时间和场合参加你的游戏和锻炼。爸爸还打算请贺杰叔叔家那位漂亮的阿姨在明年暑假的时候为你强化游泳课的训练，她可是有国家级游泳教练证书的。在配合你锻炼这一点上，你完全可以向爸爸妈妈提要求。

身体羸弱会影响一个人的风度和气质。说到风度和气质，你还要有健康的心理、健全的人格，要做个“端正的人”。

一个端正的人应当是善良的。善良的人懂得同情别人，能在别人需要帮助的时候了无功利地说出这句话："你有困难吗？我来帮助你！"善良的人懂得理解别人，老师和家长虽不是事事英明处处伟大样样正确，但毕竟多一些阅历多一些经验，所以在他们向你提要求的时候，你要先平心静气地想一想，他们说得对不对？即使有什么不同的想法，也要主动去沟通，让他们了解你的想法，从而达到互相理解的目的。善良的人还懂得回报别人，不要等到功成名就的那一刻，不要等到衣锦还乡的那一天，而要随时随地、不拘形式地去兑现，哪怕是一次口头的感谢，哪怕是一次考试的满分，哪怕是一张节日的贺卡，哪怕是一次义务的劳动……

一个端正的人应当是正直的。光有善良不讲原则，有时候会出差错。比如某同学考试作弊，你看见了，当场不制止，事后不举报，以为这是善待他人。其实你错了，你丧失了原则，丧失了一个未来公民所要秉持的一些东西，从某种意义上说，是在丧失自我。同时，对犯错误的同学也是不负责任的，虽没有把他推下水的嫌疑，但也没有把他拉上岸的举动。更应当指出的是，如果你也站到那边去，觉得"他能干，我也能干"，觉得那样可以轻松获得"既得利益"，那你就错上加错了。国法、校规、班级纪律，这些都是我们的准绳，我们只有遵守，不能违背；我们不仅自己要遵守，而且要监督和帮助他人一起遵守。

一个端正的人应当是文明的。什么是文明？讲秩序是一种文明：自行车不乱停乱放，在餐厅就餐时不拥挤插队……尊重他人是一种文明：不给同学乱起绰号，不无理顶撞老师，不和爸爸妈妈赌气闹僵，不把观点强加于人……穿戴整齐是一种文明，讲普通话是一种文明，见到老师问好是一种文明……

应当说，就现在看来，这几点你都做得不错。就拿昨天一天的表现来说，早晨你离开家里时，站在门口喊了好几声"妈妈再见"，非得妈妈听见并且有了回应你才肯坐上我的自行车去上学；中午，卜伯伯家的姐姐来邀你去他们家过圣诞节，你先说要征求爸爸妈妈的意见，然后在征得我们同意后，还写了一张便条表示感谢和抱歉；下午放学，你照例不顾我们的反对甚至是"批评"，把午餐时给你的餐后水果（一根香蕉）习惯性地带回家，硬要塞给爸爸妈妈吃；晚上，你打开你自己买的贺卡给你先前的张家港的老师和同学写上新年的祝福……你的善良和懂事让我欣慰。

女儿，这次搬家，你问我，我们家最宝贵的东西是什么？我回答：文学和音乐。是的，50个编织袋里装的书使我们空空的房子不再落寞，10个纸箱子里装的唱片使我们静静的夜晚不再孤寂。米兰·昆德拉在他的《小说的艺术》中说：“人处在一个真实缩减的旋涡中，胡塞尔所讲的‘生活世界’在旋涡中宿命般的黯淡，存在坠入遗忘。”当生活中的精细部分被物质和功利一点点蚕食，我希望我们，尤其是你的生命，因为有了文学和音乐的陪伴，不会变得那么脆弱，或者外强中干。

你什么时候能到《诗经》里去“采薇”呢？或者什么时候，能与莫扎特“协奏”？炉火的温暖，只有靠近它，你才能拥有；经典的纯美，只有拥有了，你才能与之同光。



作家余秋雨说，阅读的最大理由是想摆脱平庸。一个人如果在青年时期就开始平庸，那么今后要摆脱平庸就十分困难。只有书籍，能把辽阔的空间和漫长的时间浇灌给你，能把一切高贵生命早已飘散的信号传递给你，能把无数的智慧和美好对比着愚昧和丑陋一起呈现给你。爸爸十分赞同他的观点。其实有个叫黄山谷的古人老早就说过：“人胸中久不用古今浇灌，则尘俗生其间，照镜觉面目可憎，对人亦语言无味。”

那么，“尽早把阅读当作一件人生大事”，从现在开始，“制订一生的读书计划”吧！把阅读的范围延伸到你的课本之外，“先找一些名著垫底”。的确，茫茫书海，真正与我们有缘的只有一小角。这一小角如果是那些乱七八糟、经不起推敲、生不成积淀的白纸黑字的话，那会造成我们终身莫大的遗憾。名著如林，就是名著本身，真正属于我们的也只不过是不多的几本、几十本。我们不能不精益求精，好中选好，挑着来读。否则，东咬一口，西咬一口，反不成滋味。这个话题前几天我们谈过。你当时说，要把朱爷爷推荐的小学生100本、中学生100本、大学生100本一一读完。我这里表个态度：来年开春，我一定把这300本书全部给你准备好。

女儿，真正的阅读是对某一部作品的拥有，而不是熟悉，更不是知道。知道一部作品很容易，比如爸爸给你讲过的故事《简·爱》，你只要不像某部电影里的无知青年一样把它说成是“简单的爱情”就可以了；熟悉一部作品也不是难事，把《简·爱》粗略地翻上一遍，你就会了解夏洛蒂·勃朗特的这部代表作写了主人公简·爱在里德太太家、劳沃斯寄宿学校、桑菲尔德庄园和圣约翰家的经历。而要拥有一部作品就有相当的难度，当简·爱这个“矮个子，脸色不佳，不好看”的女孩子义无反顾地来到被大火烧瞎了眼睛、孤独无依的罗切斯特身边的时候，一种渴望平等的女性意识和对维多利亚传统的叛逆精神激起了你的共鸣，唤起了你对崇高人格的肯定与追求，这，才是拥有了《简·爱》。

要拥有一部作品，不能“看热闹”，而要“看门道”。同一部作品，往往有一些人只为作品中生离死别的场面而流泪；但是另外一些人觉得这些场面只是全部情节中的片段，并没有什么了不起，反而对作品中某个人物的某句语言、某个动作、某种表情，甚至是一个细节化的眼神赞赏不已、激动不已、感叹不已。这两类人中，毫无疑问，后一类人容易拥有作品。打个比方来说，前一类人关注的是葛藤花架，后一类人关注的才是真正的花开花落、花姿花容、花色花香。

读书如此，听音乐也是如此，听音乐其实也是另外一种形式的阅读。你应当知道，爸爸在很多时候，尤其是累极躺倒的时候，总会把自己整个都交给音乐，交给门德尔松、舒伯特，交给魏因加特纳、卡拉扬，交给帕瓦罗蒂、多明戈……当音符充满空气，旋律浸漫而来，爸爸希望在音乐长河的缓缓流淌中，有一条古典、纯美的游鱼不会因物质而搁浅，不会被世俗所猎取。这条鱼是我，也是你。

不信你听：拉威尔写的那一组钢琴四手联弹曲《鹅妈妈》，第四首“美女与野兽的对话”中，王子遭到诅咒，变成一头丑陋的野兽，这时，他只有得到一位姑娘真心的爱，才能恢复人形。野兽说："美女，你愿意做我的妻子吗?"美女说："不愿意。"野兽又说："我会幸福地死去，因为我又看到了你。"美女终于答应了野兽的要求，她说："不，我亲爱的野兽，你要活着做我的丈夫。"拉威尔用单簧管代表美女，低音大管表现野兽，两件乐器形成对话。音乐达到高潮时，一声锣响，魔法解除，王子恢复了人形，美女看到了他的俊美容貌……这是多么感人的一幕！这份感人，转化为我们日常生活中的感动，哪怕是一丁点，也足以让我们消受一生。

女儿，谈完阅读，似乎还得和你谈谈写作。你每天写一篇日记，我都看了，爸爸以前称它为"道德长跑"，现在，我更愿意称它为"心灵写真"。你的日记一天天在进步，不仅学会了写身边人、身边事，而且能从身边人身上捕捉到他们的内心，能从身边事中感悟到一些人生哲理，我在你方方正正的字里行间听到了你生命拔节的声音。如果有一天，你说，你要给你的日记上一把锁，爸爸一点也不会觉得奇怪。从今天开始，你可以自己决定，哪些可以给爸爸妈妈公开，哪些必须对爸爸妈妈保密。你可以有选择地读给爸爸妈妈听。爸爸妈妈听你读日记并不是对你的一种"作业检查"，而是纯粹的一种"幸福分享"或者"忧愁同当"。



至于你以后会不会像爸爸一样，习惯于写作并且发表，我们不知道，你也不要过多地去考虑，一切都顺其自然。我知道，你很羡慕朱墨大哥哥的文采，想和他比一比。这也很好，但也要顺其自然。写作是为了什么？这个问题，倒是想和你说一说。我喜欢余秋雨的那个动人故事：一个偏远的农村突然通了火车，村民们好奇地看着一趟趟列车飞驰而过。有一个小孩特别热情，每次火车来的时候都站在高处向列车上的乘客挥手致意，可惜没有一个乘客注意到他。他挥了几天手终于满腹狐疑：是我们村庄太丑陋？还是我长得太难看？还是我的手势或者站的地方不对？天真的孩子郁郁寡欢，居然因此而生病，生了病还强打精神继续挥手，这使他的父母十分担忧。他的父亲是一位老实的农民，决定到遥远的城镇去问药求医。可一连问了好几个医院，所有的医生都纷纷摇头。这位农民夜宿在一个小旅馆里，一声声长吁短叹吵醒同室的一位旅客，农民把孩子的病由告诉了他，这位旅客呵呵一笑又重新睡去。第二天农民醒来，那位旅客已经不在，他在无可奈何中凄然回村。刚到村口就见到兴奋万状的妻子，妻子告诉他，孩子的病已经全好了，今天早上第一班火车通过时，有一个男人把半个身子伸出窗外，拼命地向他们的孩子招手，孩子跟着火车追了一程，回来时已经霍然而愈……

是的，“作家就应该做他这样的人。能够被别人的苦难猛然惊醒，惊醒后也不作廉价的劝慰，居然能呵呵一笑安然睡去。睡着了又没有忘记责任，第二天赶了头班车就去行动。他没有到孩子跟前去讲太多的道理，说火车的速度、乘客的视线等等理性的问题，他只是代表着所有的乘客拼命挥手，把温暖的人性交还给了一个家庭”，“孩子的挥手本是游戏，旅客的挥手是参与游戏。用游戏治愈心理疾病，这便是我们写作人的职业使命”。

女儿，请你注意这里的几个关键词：“苦难”、“责任”、“人性”、“温暖”、“游戏”、“使命”……理解并且懂得了这么几个关键词，就是不做作家，你的人生也会很精彩，很充实，甚至很完美。

因为天亮要送你上学，上班工作，就不接着写了。剩余的话，留到每天上学路上的电动车上去说，或者我俩坐下来，好好聊聊。这封信，有什么不懂的地方，你可以向我请教，也可以留待以后慢慢体会。

祝你生日快乐，圣诞快乐！

爱你的爸爸

# 在"孝"的天平上，它们等值

## ——11 岁生日书



亲爱的女儿：

这封生日信，爸爸想和你说说"亲情"。

有一种人，无论你走到哪里都舍不下对你的牵挂，他们对你的感情是百分之百的，为了你能更好地生活着，他们愿意献出属于自己的一切，包括生命。

有一种情，是任何语言都无法描述的，它平凡而真切，细小而伟大，润物无声地渗在你的骨子里，它没有固定的表达方式，有时执着到让人无法理解。

有一种爱，它是与生俱来、近乎本能、最无求回报之心的。

这些人，这份情，这种爱，穿越了时空，模糊了血缘，但永远在我们的心中……

说起亲情这个话题，你也许会想到一篇叫《藏羚羊跪拜》的文章，文中描绘了这样一幅画面：清晨的草坪上站着一只肥肥壮壮的藏羚羊，在它两步之遥便是举着枪的猎手。奇怪的是，它并没有逃走，只是用乞求的目光望着猎人，然后冲向他前行两步，两腿扑通一声跪了下来。与此同时，只见两行长泪从它的眼里流了出来……猎人杀了它开膛扒皮才明白那只肥肥壮壮的藏羚羊没有逃生弯下笨重的身体下跪的原因。原来，在它的子宫里静静地卧着一只小藏羚羊。读到此，我们的心灵会陡然而生一种感动。殊不知，天下所有慈母的跪拜，包括动物在内，都是神圣而又真诚的。因为这虔诚的跪拜中融着一种与生俱来的、近乎本能的亲情之爱。

曾经看过一篇报道：在日本，有个大学毕业生到一家著名的企业应聘，他满以为自己是名牌大学的骄子而踌躇满志。主管见他这个样子，便轻轻地问他：“你给母亲洗过脚吗？如果没有的话，你今天回去试试看，明天再来见我。”他回家端了盆热水给母亲洗脚，昏黄的灯光下，只见母亲的脚显得干瘪而生冷。他不禁想起小时候因为家里穷，母亲为了供他读书，每天很早就起来给别人洗衣服。小时候他的身体不好，母亲怕他着凉，就用双手帮他搓脚……这么多年来，自己以为已经长大成人，却不知道忽略了一份沉重的爱。想着想着，眼泪流了一地，他抱着母亲的脚，久久不能放开……

有一句犹太谚语说，上帝不可能分散在每个人的身边，所以创造了父母。是啊！从我们还未出世，还在母腹中的时候，父母已经开始为我们准备好衣服、奶瓶、玩具等等。今生即使父母什么也不给我们，也是很伟大的了，因为他们首先给了我们生命。

毋庸讳言，作为两代人，我们之间的心理距离是客观存在的。我们需要尽力去了解这一差异，从现实中去联系我们两代人彼此的通道。这条通道，在爸爸看来，就是平等、理解和沟通。

平等是父母与子女之间最基本的道德规范，也是现代家庭中新型人际关系的标志。父母和子女之间在人格上和家庭地位上应该是平等的，对于出现的一些矛盾和隔阂的解决，又赖于两代人之间建立平等的家庭格局。我们常常看到在不少家庭中，父母和子女能像朋友式地讨论问题和交流思想，两代人之间不仅能在生活上互助，而且还能在思想上互补，呈现出我们很多家庭渴望的两代人生活上的反哺、感情上的依恋、思想上的沟通、教育上的双向等生动的情景。

“谈了一个多月的话，好像只跟你谈了一个开场白，我跟你永远也谈不完的，正如一个人对自己的独白是终身也谈不完的，你跟我两个人的思想和感情，不正是我自己的思想和感情吗？清清楚楚的，我跟你的讨论与争论，常常就是我跟自己的讨论与争辩。父子之间能有这种境界，也是人生莫大的幸福。除了外界的原因没有能使你把假期过得像个假期以外，连我也给你一些小小的不愉快，破坏了你回家前对家的期望，我心中始终对你抱着歉意。但愿你这次给我的教育（就是说从和你相处而反映我的缺点）能对我今后发生作用，把我自己继续改造。尽管人那么无情，我们本人还应当把自己尽量改好，少给人一些痛苦，多给人一些快乐。”

傅雷写给儿子的这段话，字里行间处处充溢着他对儿子的挚爱、期望，他以朋友般的真诚坦荡，充分展示了他作为一个父亲的率真、质朴的情怀。撇开一般的父子亲情不说，单是从文中流淌出的那种朋友般的平等真诚，就足以令人感动不已。爸爸也会像朋友那样来对待你的，孩子。



平等而外是理解。20 世纪 80 年代曾流行一句话，叫“理解万岁”。多一分理解，就多一分谅解。现在很多孩子只抱怨家长不理解自己，其实自己又理解家长多少呢？理解是双向的，要理解就要设身处地地替对方着想，就要站在父母的立场上想问题，想一想父母为什么要我们这么做，假如我是父母又会怎样，这样也许你就能理解父母的一片苦心了。父母的一片苦心你一旦理解，你和父母的心就会贴得更紧了。过去有一首流传得很广的歌，叫做“听妈妈讲过去的故事”。的确，你不妨多听听爸爸妈妈过去的故事，听我们讲讲我们的理想、梦想，讲讲我们人生的酸甜苦辣，讲讲我们的成功与失败，通过听我们讲过去的故事或家庭的历史，来了解我们的过去和家庭的过去，从而增进你对我们实实在在的了解，加深彼此之间的感情。

当代作家张洁在《挖荠菜》一文中，真诚地给子女们讲了“馋丫头的故事”后，说道：“它还表现在对我们这一代人的见解和行为上。在他们看来，我们的有些见解和行为，都像陈列在博物馆里的出土文物——离他们的现实生活太远了，不顶用了。自然，我也不认为我们的见解和行为就完全正确。只要他们不觉得厌烦，我甚至愿意和他们谈谈我们在探索人生方面曾经走过的弯路，以便他们少付出一些不必要的代价。我真希望我们之间不要成为隔膜很深的两代人，而是心心相通的朋友。”

当父母与你的意见不一致时，不要总说父母“老”了，落伍了，跟不上时代了，似乎“老”是一种罪过。其实“老”是一种财富（况且我们每个人都得“老”）；当父母提出的有些要求或有些做法的确是错误或不可行的时候，不要轻易顶撞，应该抱着宽容的态度，如果不是原则问题可迁就一下的就迁就一下，如果是原则问题也不要当着外人的面顶撞，可以等到事后气氛缓和时再和他们商量（心平气和、冷静处理）。事实上，很多问题也很难评判谁是谁非，无非是两代人各自的观点不同罢了，我们不必互相强求，互相干涉，可以求同存异，共同发展。

最后要懂得沟通。美好家庭的共性是彼此间能经常真诚地交流和沟通，沟通是架在“代沟”上的最好桥梁。无论多么亲密无间的家庭，总会出现矛盾冲突的。美好家庭里不是没有冲突，而是他们善于用沟通的办法来解决和处理冲突。你要适时不间断地和爸爸妈妈交谈。在交谈过程中要将爸爸妈妈当成朋友，坦诚相对。要积极地表达自己的想法，让爸爸妈妈有机会了解你的内心，进而理解你的想法。同时也要试着去了解爸爸妈妈、理解爸爸妈妈，尽量避免与我们发生争执。假如与爸爸妈妈发生争执，强硬或冷战都不能解决问题，相反，还会严重伤害感情，这时解决问题的唯一比较妥善的方法便是试着站在我们的立场上为我们考虑，放平心态，和父母言归于好。最后，也希望你多关心爸爸妈妈，就像我们关心你一样，这在很大程度上可以加深彼此的了解，并能升华感情。

亲爱的女儿，你喜欢听故事，最后我讲个故事给你听吧！

1980 年 6 月 10 日早上，美国德克萨斯州潘翰德尔农场的主人把 10 岁的儿子洛迪叫到跟前，抚弄着他的头发说："洛迪，我要出门办事去了，你现在是家里唯一的男子汉，要好好照顾妈妈。"洛迪点点头。洛迪的妈妈海伦不久前做过一次大手术，不能太劳累。

下午天气变坏，海伦开车到学校去接洛迪。回家的路上雨越下越大，当车开到一条小河边时，车陷进一个坑里，发动机哼了几声便熄火了。洪水漫上来，把他们包围了。母子俩费了好大的劲才打开车门，可刚一迈步，激流便把他们抛起来，卷进了洪水。

这时候天色已晚。在激流中，海伦紧抱着洛迪的腰不放。他们幸运地抓住了岸边的一道铁栅栏，虽然栅栏的断头将海伦左臂上的一片肉戳了下来，而且露出了骨头，可她死也不松手。时间慢慢过去了，冷水泡得他们浑身麻木。又一个激流过来，妈妈被卷走了。



洛迪还不太会游泳，只会"狗爬式"，但他想起了爸爸的话，他要救妈妈！洛迪游进旋涡，将手伸到正在旋涡里无力打转的妈妈的脖子下，托起她的头，喘着气说："妈妈，不要紧，有我在呢。"

洛迪的一只手拉着挂在妈妈脖子上的提包带子，双腿不停地蹬水，空着的一只手不顾一切地划水。一个又一个的激流打过来，打得洛迪手脚发软。有好几次，他都哭着想："游不动了，再也游不动了……"可小洛迪并没有沉下去，他保护着妈妈，在冰凉湍急的洪水中坚持了整整 3 个钟头……

雨停了，洪水开始往下退。洛迪和妈妈得救了！

亲爱的女儿，我不知道听了这个故事你有没有一种内心的震撼，是的，母子情深足以让人感动。"滴水之恩，涌泉相报"，"谁言寸草心，报得三春晖"，当我们把这些古诗古话背得滚瓜烂熟的时候，却常常在行动中写不出几个最简单的字：爱与回报！小洛迪的行为或许还称不上回报，但是爱，无疑已烙在他心上！

当代女作家毕淑敏说过，她不喜欢一个苦孩求学的故事。本来家境就十分贫寒，加上父亲逝去，弟妹嗷嗷待哺，可他大学毕业后，还要坚持读研究生，母亲只好去卖血……她以为那是一个自私的学子。求学的路很漫长，一生一世的事业，何必太在意几年蹉跎？况且这中间的分分秒秒都苦涩无比，需用母亲的鲜血灌溉！一个连母亲都无法挚爱的人，还能指望他会爱谁？把自己的利益放在至高无上位置的人，怎能成为为人类献身的大师？

她也不喜欢父母重病在床，断然离去的游子。她说，无论你有多少理由，地球离了谁都照样转动，不必将个人的力量夸大到不可思议的程度。在一位老人行将就木的时候，将他对人世间最后的期冀斩断，以绝望之心在寂寞中远行，那是对生命的大不敬。

是的，我们完全有理由相信，每一个赤诚忠厚的孩子，都曾在心底向父母许下“孝”的宏愿，相信来日方长，相信水到渠成，相信自己必有功成名就衣锦还乡的那一天，可以从容尽孝，从容回报。可惜他们忘了，忘了时间的残酷，忘了人生的短暂，忘了世上有永远无法报答的恩情，忘了生命本身有不堪一击的脆弱。

父母的爱是无私的。在一个阳光明媚的星期天，聪明的男孩汤姆给妈妈写下了一张账单：“汤姆给妈妈到超级市场买食品，妈妈应付 5 美元；汤姆自己起床叠被，妈妈应付 2 美元；汤姆擦地板，妈妈应付 3 美元；汤姆是一个听话的好孩子，妈妈应付 10 美元。合计：20 美元。”汤姆写完之后，把纸条压在餐桌上，上床睡大觉去了。忙得满头大汗的妈妈看到了这张纸条后，只是宽容地笑了笑，随即在上面添了几行字，放回了汤姆的枕边。醒来的汤姆，看到了这样的一张账单：

“妈妈含辛茹苦地抚养汤姆，汤姆应付 0 美元；妈妈教汤姆走路、说话，汤姆应付 0 美元；妈妈以后还将继续为汤姆奉献，汤姆应付 0 美元；妈妈拥有一个天使般可爱的小男孩，汤姆应付 0 美元。合计：0 美元。”

可无私的爱应当用有情的心去回报啊！诚如毕淑敏所言，也许是一处豪宅，也许是一片砖瓦；也许是大洋彼岸的一只鸿雁，也许是近在咫尺的一个口信；也许是一顶纯黑的博士帽，也许是作业簿上的一个红五分；也许是一桌山珍海味，也许是一只野果一朵小花；也许是花团锦簇的盛世华衣，也许是一双洁净的旧鞋；也许是数以万计的金钱，也许只是含着体温的一枚硬币……在“孝”的天平上，它们等值！

愿你做一个孝顺的孩子，这是做人的开始。

爱你的爸爸

# 生命只有一次，青春永不回头

## ——12 岁生日书



亲爱的女儿：

今年你生日，爸爸刚好出差在外，所以只好用书信的形式来祝贺你的生日。

爸爸来吉林之前，在北京参加了“中华青少年生命教育论坛”并发表了演讲。在演讲中，我说，生命教育和公民教育是现代教育的两大支柱，是我们国家构建“新德育”的重要组成部分，前者指向个体发展，后者指向群体发展。那么，在这封生日信中，让我来和你谈谈生命。我说五句话——

第一句：生命只有一次。对我们每一个人而言，没有了生命，就没有了一切的基础；放弃生命，就等于放弃存在的基础。所以，生命道德律的第一条，就是善待生命。既要珍惜自己的生命，也要珍惜别人的生命。世界上最大的罪过，就是将生命——不管是自己的还是别人的——无辜剥夺。就现在的你来说，善待生命的最好表现就是要重视并争取健康。健康不仅是指一个人没有疾病，而且指一个人能在体格、心理和社会适应能力方面得到全面发展。要使身体没有疾病，爸爸希望你丢掉这些借口：我也想锻炼身体，可就是没有时间；

没吃早饭，是因为我怕上学迟到；伙伴们都吃零食，所以我也吃；从卫生间出来不洗手，那是我忘了；我不知道哪个东西有营养，只知道喜欢吃什么；我也想早点睡，可就是作业太多；我也想克制自己不要沉迷网络，可是网络实在太神奇；我还年轻，身体还能抗得住；如果不注意身体，也许寿命会短些，但人人都免不了一死……如果有这些借口，哪怕只是其中的一条，你也要坚决丢掉！要使心理健康，爸爸希望你克服以下个性缺陷：害羞。过分害羞会阻碍人际交往、影响才能的正常发挥，导致出现压抑、孤独、焦虑等不良心理状态；鲁莽。鲁莽以冒失、莽撞、急躁、冲动、马虎为基本特征，往往成事不足而败事有余，甚至带来危险；心胸狭隘。心胸狭隘主要表现为凡事斤斤计较，耿耿于怀，好嫉妒，好挑剔，容不得人等等；好疑。好疑建立在猜的基础上，因而往往缺乏事实根据，在许多时候也缺乏合理的思维逻辑，会导致人际关系紧张；拖拉。拖拉是指你本该马上完成的事不能及时完成，今天推明天，明天推后天……如果有这些缺陷，无论是多还是少、轻还是重，你都要坚决克服！要使自己具有社会适应力，爸爸希望你多交往，多实践，多体验。你可以上网找寻我们苏州的养老院、孤儿院、盲聋哑学校等资料，然后和同学一起，安排时间前往不同的机构参观、访问，并拍照，再返校向其他同学和老师报告有关情况。以此达到多实践、多体验的目的。



第二句：青春永不回头。12 岁，你就要进入青春期的跨越阶段了。这个阶段是个人特征发展的重要阶段，就像一场溜冰的运动：一开始，你会紧紧地抓住爸爸妈妈的手或者扶撑着墙壁笨拙地在冰面上摸索行走，竭力保持直立的姿势；慢慢地，你放开了爸爸妈妈的双手，与自己的伙伴们一道在冰场中嬉戏；到后来，你在冰场中穿梭不停，成了令人眼花缭乱的明星——飞身旋转、跳跃……不断地尝试着一个又一个更加复杂的动作。你就要长成一个大姑娘，你将拥有美好的人生和美妙的未来。你的仪态、语言、心灵将更加美好。当你一天天成熟起来的时候，你会更懂事，更有勇气面对生活道路上可能出现的困难。当然，你也会更懂得，只有通过刻苦学习才会赢得更精彩的人生。在这个阶段，爸爸希望你走好每一步。即使跌倒了，也要赶快爬起来。在这个阶段，有一个词你会慢慢地想弄明白，那就是爱情。到底什么是爱情呢？要将爱情解释清楚是一件困难的事情。可以确定的事实是：爱情的背后隐藏着一种非常强烈的情感，这种情感是自发的，不受意志控制的。它侵袭了你，你丝毫不能做任何抵抗；它离你而去，你也无法留住它。爱情可以是美妙甜蜜的，让你幸福无比；也能让你痛苦得一塌糊涂，以至于认为再也活不下去了。爱情意味着付出和得到，尽管理想化的爱情观只强调付出，不强调获得。生活中总有一些人实践着这种爱情观，为我们做出爱情不计回报的示范。但更合乎人情的是，人们希望他们的爱情结局圆满，而不是只为对方付出却一无所获。谁接受了别人的爱情，同时就应承担起对对方和对自己的一份责任。不认真对待别人的感情或欺骗别人的感情是非常危险的，会给对方造成巨大的心灵创伤，最严重时会毁了对方。所以永远不要虚情假意，即使实话实说让你很为难也不能说假话欺骗别人。说真话造成的伤害比欺骗造成的伤害小得多。另外，也不要认为自己付出的爱应当自动地得到回报，爱情不是可以强迫的，不是运用权力可以得到的。只有在至高无上的相互尊重和理解的情况下才能得到爱情。这些话你可以记着，以后慢慢品味。

第三句：拥有你的世界。家里的书柜里有一本书：《苏菲的世界》。在这本书的封面上，赫然印着三个醒目的大字：你是谁？——这三个普普通通的字在你的内心有没有发生猛烈的碰撞？是的，古希腊人曾把“能认识自己”看做是人的最高智慧，阿波罗神殿的大门上写的一句箴言便是“人啊，认识你自己”。中国也有一句类似的老话叫作“人贵有自知之明”。可是，我们很少沉下心来想一想：我到底是谁？是一堆肉？是一个混合物？是一个生命？是一个动物？是一个比其他动物高级的动物？如果高级，高级在哪儿？既然高级，为何又“能飞不能上屋，能缘不能穷木，能水不能渡谷”？现在，请你踏上通往自己内心世界的旅程——先看看你的需要。中国有句成语叫作“欲壑难填”，就是说人的欲望永远不可能满足。美国有个叫马斯洛的心理学家为这个成语做了科学阐释：需要是人类内在的、天生的、下意识存在的，而且是按先后顺序发展的，一个欲望的满足引发另一个欲望的产生，这样，人的欲望就永无穷尽，而且不断向高层次发展。也正是这无穷尽的欲望驱使着人们永恒地追求着，不息地奋斗着。再看看你的情感。从一天到另一天，我们的心情就是我们生活的全部含义。没有什么比这更重要的了，因为正是美好的情感引领着我们走向快乐、友善和爱，而远离伤害。我们的情感里既包含找到爱的喜悦、兴奋与温馨，也包含失去珍爱的亲人的悲伤与绝望。其中的丰富多彩与微妙是语言难以表达的。然后是你的价值观。我们每个人都有一个评价人和事物的标准，那便是我们的价值观。它为我们分析判断这个纷繁复杂的世界提供了一个指南。我们将应用到我们的人生实践中，它便赋予了我们的人生以某种意义，并形成我们人生的基本构架。接着就是你的目标追求。飞行员如果没有航行图，没有明确的航行标志，那可怕的后果只能是机毁人亡。一个人如果没有人生目标，就会迷失自己，永远找不到人生的归宿。他一生的行为就无异于漫无目的地漫游，他便成了一个心灵的流浪汉。我们评价自己时，不仅仅是看我们现在是什么，还应看我们可能将成为什么。最后是你的权利义务。权利的争取也是一种义务。作为一个人，他天然地享有神圣而不可侵犯的基本权利：生命权、财产权和自由地追求幸福生活的权利。当然，在社会中，每个人都不可能独立存在、独立解决问题而不与他人发生联系。相反，每个人与其他人都是相依相存的，每个人对别人做的，最终都会成为他对自己做的，好事也罢，坏事也罢，都一样。因此，你还要踏上通往外部世界的旅程——你的家庭，你的学校，你的社区，你的国家，你的地球……



第四句：履行你的责任。我为什么活着？我是一个什么样的人？我如何能够生活得快乐一些？什么是成熟？怎样才算是“长大了”？……所有这些问题，都和这样一个词语相连：责任。责任始于出生，终于死亡，陪伴我们终身。它引导我们做好事，禁止我们做坏事。它使我们面对自我懂得珍惜，它使我们走出家庭帮助别人，它使我们融入社会共创美好。任何伟大的成功者拥有的一个共同特征就是："我负责。我会处理的。"他们知道，承担责任是个人力量已成熟的最好体现之一。怎样承担责任？做一个遵纪守法的人，这就是承担责任；做一个以天下为己任的人，这更是承担责任；做一个文明的人，这也是承担责任……就爸爸妈妈而言，目前我们希望你承担的主要责任是尊师好学、积极向上。要明确学习的目的。学习是一件苦差事，大多数人都有这样的体会。但也有人把苦事变成了乐事，那是他找到了学习的意义。要激发学习的兴趣。研究证明，如果一个学生对学习有兴趣，积极性高，就能发挥其全部才能的80%—90%；反之，他的才能只能发挥20%—30%。要磨练学习的意志。中学阶段的学习充满了竞争，好比用跑一百米的速度跑一万米，谁坚持不懈，谁就能成功。当然，还有更多、更大的责任，你自己去领悟。爸爸建议你做这些事情：放学回家帮妈妈做力所能及的事情，帮妈妈捶背、倒开水、收衣服；想一想，你曾经和谁有过矛盾或者小小的摩擦，找到这个人，先听他说说他内心的感受，然后告诉他，你在这场摩擦或者误会中应当承担的责任；把你每天说过的有分量的话（比如承诺、计划、决定）记下来，每周作一次检查，看有没有践行以及践行的效果；收藏一面国旗，并且在适当的时候使用它；积攒一些零花钱，把它们捐献给你认为应当捐献的人……

第五句：珍惜每个今天。昨天已成为过去，明天还没有到来，在自己手中牢牢掌握的只有现在。把握现在，就不要痴想未来，老想着明天的种种，现在的时光就会白白流逝；把握现在，也不要回想过去，总记着过去的一切，有限的精力就会被无端浪费。爸爸希望你珍惜时间。古今中外一切有大建树者，无不惜时如金。居里夫人为了不使来访者拖延拜访的时间，会客室里从来不放坐椅。76岁的爱因斯坦病倒了，有位老朋友问他想要什么东西，他说，我只希望还有若干小时的时间，让我把一些稿子整理好。的确是这样，如果你有3万元钱，丢掉了300元，你会很心疼；然而，你在无聊中浪费掉了300天，却可能没往心里去。你可曾想过，前者是财富的1%，而后者是生命的1%。如果没有认识到这一点，那就太遗憾了！按82岁的寿命计算，人的一生只有3万天。去掉童年、暮年、生病、吃饭、睡觉的时间，真正用于工作、学习的时间就更少了。爸爸盼望你立即行动。要提升自己的人格、发展自己的个性，最重要的是立即采取行动，去做你想做的事情。播下一个行动，你将收获一种习惯；播下一种习惯，你将收获一种性格；播下一种性格，你将收获一种命运。爸爸渴望你拥有宁静。著名作家梭罗每天早晨做的第一件事，是告诉自己一件好消息。然后，他会对自己说，他能活在世间，是多么幸运的事。如果没有出生在世，他就无法听到踩在脚底的雪发出的吱吱声，也无法闻到木材燃烧的香味，更不可能看见人们眼中爱的光芒。于是，他每一天都满怀对生命的感激之情。爱默生经常以愉快的方式来结束每一天。他告诫自己：时光一去不返。每天都应尽力做完该做的事。疏忽大意、做荒唐事在所难免，尽管忘掉它们。明天将是新的一天，应当重新开始一切，振作精神，不要使过去的错误成为未来的包袱。他十分清楚，以悔恨来结束一天，实在是不明智之举。他就像一个关门人，在一天结束时，把门关上，将一切忘记。但是仅此还不够，在一对“括弧”中间，你要拥有一段孤独宁静的时刻。平静是成熟，冷静是沉着，文静是优雅，恬静是舒适；而宁静，则是生活中真善美的绝佳体现。宁静不仅是一种环境气氛，而且还是一种理念，一种哲学，一种辨别社会行为的坐标，一种人生选择的向导。

亲爱的女儿，写到这里，爸爸再给你讲一个故事。

一个人工管理的平交道于傍晚时分发生了一起重大的交通事故，有关单位进行调查，欲了解事故发生原因。调查人员约谈平交道巡守员，问了三个重要的问题：“火车到达时有否在场执勤？”巡守员回答：“依规定在场执勤。”“有否提起警示灯左右摇晃警告来车?”巡守员回答：“警示灯确有左右摇晃。”“警示灯有点燃吗?”……此时巡守员犹豫了。巡守员一切依规定办事，看上去有条不紊，但实际上与其说是缺少一盏点亮的灯，倒不如说是缺少一颗点亮的心。

现在，你的心灯点亮了吗？爸爸没有别的礼物，这，就是馈赠。

爱你的爸爸

# 写好一个人并不难

## ——13 岁生日书



亲爱的女儿：

听说你当上了语文科代表，为你骄傲。我以前读初中的时候，也当过语文科代表。科代表，是班上全体同学在该学科学习方面的全面代表。科代表的任务可不只是收收作业和记记缺交作业名单那么简单，科代表是联系老师和同学的桥梁，是老师的得力助手，是学习的领头羊。科代表得带领全班同学努力学习、共同进步。

我这么一说，你是不是觉得压力好大，尤其是在语文成绩方面？别怕，有爸爸呢！别忘了，爸爸是语文教研员，而且还教过 13 年语文。那么，这封信的开始，就让我来和你说说语文学习吧。先说啥呢？就从你最近一次作文中的老师批语说起吧！你还记得你写爸爸的那篇文章吗？老师道尽了你文章的优点后，有一句，“缺少人物个性”。这是写人文章的一个致命缺点。写不出人物个性，语言再美，构思再精巧，文章也好不到哪里去。那该怎么写出人物的个性呢？别急，听爸爸慢慢道来。

我们苏州的西园，你去过的，是一个佛教名寺。最出名的要算那五百罗汉了。在众多的罗汉中，有几位是不容易让人忘怀的。如弥勒佛、济公活佛，还有观音菩萨。即使我不加任何描述，你也能够想象得出这三尊菩萨是怎样一副容颜。想到弥勒佛那世间无二的大肚，那望之可亲的笑容，很容易让人联想起一副对子：大肚能容天下难容之事，开口便笑世上可笑之人。许多人，包括从未游过西园的人，甚至只要一见到“弥勒佛”这三个字，便能发出会心的微笑。其中奥秘何在？至于济公，我们只要闭上眼睛，片刻间，身穿破衣，手摇破扇，踢趿着破鞋的疯和尚就会自由自在地跑到我们面前，冲着大家扮出一张令人啼笑皆非的鬼脸来。这又是因为什么？西园的观音菩萨也算是一绝了，在众佛中她是最高大的一尊，也是最奇特的一尊——她有一千只手，而且每只手掌上都有一只眼睛。但不管她如何奇形怪状，有一点在大家的眼中乃至于心中是不会变的，她的神情是永恒的悲悯世人的慈善。怎么会这样呢？

这一切似乎很奇妙，其实不过是塑像大师以他高超的技艺创造出了人物的独特面貌，而这一富有个性的特征又在一个个传说故事中不断得到强化，于是他们的形象也便随之深入人心，于是他们的特点也便固定下来，于是从一颦一笑中我们也能区分出谁和谁来。其实塑像大师能做到的，我们用笔同样也能做到。要让人物栩栩如生地走到我们笔下，关键在于要写出人物的个性，写出人物的与众不同之处。

有这样一个人，个子不高不矮，身体不胖不瘦，脸色不黑不白，眼睛不大不小，鼻子不高不低，嘴巴不宽不窄，耳朵不圆不长——你猜他（她）是谁？又有这样一个人，黑脸短毛，长嘴大耳，圆身肥肚，穿一领青不青、蓝不蓝的梭布直裰，提一柄九齿钉耙——你道他（她）又是谁？

对了，前一个爸爸也不知是谁，但后一个，一猜就是猪八戒！这两个人，为什么前一个猜不出，后一个一猜就中呢？关键就在于前者只简单介绍了人物的外貌，没有写出特征，更没有写出人物的个性，后者则不然。

许多同学认为要写出人物特征，最简单的方法便是从人物的肖像描写入手，千人千面，人的外表是很少有雷同的。这样想不可谓不聪明，也不失为记叙人物、表现人物特点的一条终南捷径。方法人人能想到，但要真正做到却很不容易。“不……不……”的公式不能写出人物的个性；“红扑扑的小脸蛋”、“乌溜溜的大眼睛”一类的大众化脸谱同样也写不出人物的个性。因为人是立体生动的，不是呆板的模特，他有思想，有特定的品质，有异于他人的行为和习惯，“形”与“神”应该是和谐统一的，在形象描写中能体现出人物的神采，在对人物精神的阐述中能使人物的音容笑貌更加具体，在“形”与“神”的互现中，人物的个性也就凸现出来了。八戒丑陋的外形下带着他的憨态，憨态的骨子里刻着“馋”、“懒”，也刻着“情”、“义”，恐怕这就是他立体生动的原因。

这样看来，要真正把握人物的整体风貌，光写外貌是不行的，还需要从多方面、多角度去表现人物。仍以猪八戒为例。虽然孙大圣的勇猛和机智夺走了读者许多的视线，但这不妨碍我们喜爱猪八戒。当然，他并不美，与孙悟空的小巧机灵一比，他愈发显得笨拙；他的武艺不错，但在金箍棒的威力下，他绝不敢逞强（高老庄的一场厮杀除外）；他的心眼似乎也不能说很好，在沙和尚的老实忠厚面前，他的懒惰与自私是藏也藏不住的。但就是这么一个缺点多多的人，他给我们带来了许多人间的烟火味，一种属于凡人的个性特征。他的这些特点不是三言两语所能说清的，作者就用多个事例来具体地描绘给我们看。因此，我们才看到了这样一个猪八戒：在高老庄，变身为壮汉的他食量大如牛，一人可抵好几个庄稼汉，你能说他不是一个勤劳的好农民吗？奉师命去寻找食物，他美滋滋地吃了一顿大西瓜，然后懒洋洋地睡了一个好觉，这样一个八戒，怎能逃脱“馋”和“懒”的评语！孙猴子被赶回了老家，八戒不也是依依不舍？大师兄不在的日子里，师傅有难，他不也是奋不顾身与妖魔斗得天昏地暗？这样一个八戒，不也是有情有义？当然，我们也忘不了他在三位菩萨变化而成的美女面前，丑态百出，这不又是一个活脱脱的好色之徒？——就是通过众多的事例，从多个方面，写出了一个世俗的、有着人间男子大多数优缺点的八戒。

事例有了，但如果不善于捕捉生活中的细节并合理利用的话，那么我们的文章可能无力承载浓厚的情感，无法很好地表达自己，更谈不上去感动别人。拿一把放大镜，定格住人物在特定情境下的瞬间表现，人物便会因此而生动立体。还是谈一下我们熟悉的猪八戒。当调皮的孙悟空抖出他私设“小金库”的隐私时，他嘴里嘀嘀咕咕地发着无意义的牢骚，一边很不情愿地从大耳朵中掏出几钱银子来，这样一个细节让我们无法忽视，无法不发出会心的微笑。

好了，该到小结的时候了。写好一个人物其实不难，关键是要写出人物的个性；写出人物的个性也不难，综上可概括出“三诀”：

1．形神并举；

2．多管齐下；

3．微处动情。

现在我们来看这样一篇文章。

## 父亲的爱

（美）E．Bombeck

爹不懂得怎样表达爱，使我们一家人融洽相处的是我妈。他只是每天上班下班，而妈妈则把我们做过的错事开列清单，然后由他来责骂我们。

有一次我偷了一块糖果，他要我把它送回去，告诉卖糖的说是我偷来的，说我愿意替他拆箱卸货作为赔偿。但妈妈却明白我只是个孩子。

我在运动场打秋千跌断了腿，在前往医院途中一直抱着我的，是我妈。爹把汽车停在急诊室门口，他们叫他驶开，说那空位是留给紧急车辆停放的。爹听了便叫嚷道：“你以为这是什么车？旅游车？”

在我的生日会上，爹总是显得有点不大相称。他只是忙于吹气球，布置餐桌，做杂务。把插着蜡烛的蛋糕推过来让我吹的，是我妈。

我翻阅相册时，人们总是问：“你爸爸是什么样子的？”天晓得！他老是忙着替别人拍照。妈和我笑容可掬地一起拍的照片，多得不可胜数。

我记得妈有一次叫他教我骑自行车。我叫他别放手，但他却说是应该放手的时候了。我摔倒之后，妈跑过来扶我，爸却挥手要她走开。我当时生气极了，决心要给他点颜色看。于是我马上再爬上自行车，而且自己骑给他看。他只是微笑。

我念大学时，所有的家信都是妈写的。他除了寄支票以外，还寄过一封短柬给我，说因为我没有在草坪上踢足球了，所以他的草坪长得很美。

每次我打电话回家，他似乎都想跟我说话，但结果总是说：“我叫你妈来听。”

我结婚时，掉眼泪的是我妈。他只是大声擤了一下鼻子，便走出房间。



我从小到大都听他说：“你到哪里去？”“什么时候回家？”“汽车有没有汽油？”“不，不准去。”爹完全不知道怎样表达爱。除非——

会不会是他已经表达了而我却未能察觉？

这篇文章读上去好像平平淡淡的，没有什么特色。但爸爸喜欢这样的文章，它的文字相当朴实，朴实之中却蕴含了真情。

文章写父亲对儿子的爱，写了太多的事例，“偷糖”、“受伤”、“生日”、“拍照”、“学车”、“家信”、“电话”、“结婚”等等，它们之间好像也没有太大的联系，是不是显得太散？但你注意到没有，这一系列的生活琐事，作者没有采用一般人对父爱正面歌颂的写法，而是在琐事中用看似有些抱怨的笔调来写父亲的爱。写的这些事，多是多，但却未必散，仔细读一下，文章自有它的纲目在。作者一开始就说“爹不懂得怎样表达爱”，结尾又说“爹完全不知道怎样表达爱”，这是统率全文所有事例的语句，这和《琐忆》的写法是有相通之处的。多管齐下，并不是非要表现人物的不同侧面，也可以是就一项特征进行不断强化。本文作者想再三强调的是什么呢？是父亲深沉的、不显山露水的爱。文章最后一句很重要：“会不会是他已经表达了而我却未能察觉？”这句话才是全文的总纲。因此，“多管齐下”不怕事情多、文笔散，怕就怕没有一个“纲”。

你是不是还有一点疑惑：前面说过细微之处最能展现人物的风貌，也最能打动读者的心，可文中似乎没有详细的细节描写吧？如果有这样的疑惑，那听我详细给你讲解一下，首先细节描写不一定非得浓墨重彩，动情的瞬间有时不需要太多的语言来解释，这就是“无声胜有声”的艺术手法，也就是说只要达到作者的目的就行了。接下来我们看具体事例：我们可以看一下“打电话”这件小事，“每次我打电话回家，他似乎都想跟我说话，但结果总是说：‘我叫你妈来听’。”这既可以说是一个事例，也可以说是一处精彩的细节描写，父亲想说什么却欲言又止，他想表达对儿子的关心与爱，却不习惯直白地表达，正好反映出父亲之爱是含蓄而又深沉的。以此类推，父亲写信给儿子，表面上是在说他的草坪，其实是在想念儿子，留恋那些儿子在家踢足球、在自己身边的日子。作者用简练的语言写出了生活中看似平凡却感人至深的细节。这就是“微处动情”。

另外，你注意到文章的另一个特点了吗？作者在写父爱的同时，也写了母爱，把两者进行了对比。作者写父爱时，看似处处在与母爱进行正反对比，实际上是在说明父爱往往是另一种表达形式——寓爱抚于严格，是对母爱的补充。

你也许会说，在文章中加上一些人物肖像描写会不会更好些？是的，前面我说过，形神并举更能体现出人物的精神面貌，但并不是每篇文章都有进行肖像描写的必要。这篇文章的写作主题是“父爱”而不是单纯的“我的父亲”，人有千面，但爱是共同的，这种爱的方式是有普遍意义的。结尾一句，作者以貌似猜测的口吻写父爱，正好揭示了一般人对严父之爱暂时不易觉察到的共同规律。这也正是文章的主旨所在，文章的典型性就出来了，我们读这样的文章，就会感同身受，真所谓“在陌生的地方遇见熟悉的自己”。相对于主题而言，父亲的外貌描写是可有可无的，所以对于这类内容应该是能省就省。

要真正写出人物个性，应该灵活地甚至创造性地运用我前面所说的方法，而不应拘泥于一种形式。

好了，爸爸给你用书信形式上了这么一课，请允许我也来布置一个作业吧。

鲁迅先生说，他创造典型人物形象“没有专用过一个人，往往嘴在浙江，脸在北京，衣在山西，是一个拼凑起来的角色”。请你在下列方案中任选一个，来试一试这种写法：1. 杂取中外名著中几个人物的种种，合成一个“新人”；2. 杂取生活中所见人物的种种，合成一个“典型”。



这篇文章写好了，我给你推荐到报刊上去发表，这将是你送给自己的最好的生日礼物。

期待你的佳作哦！

爱你的爸爸

# 当毛毛虫变成蝴蝶

## ——14 岁生日书



亲爱的女儿：

在莎士比亚《冬天的故事》一书中，一位老牧羊人曾经哀叹道，如果那些爱惹是生非的青春期岁月压根儿不存在的话，那么，每个人的情况都会好很多。老牧羊人说：“我希望在 10 岁—23 岁之间的时光根本就不存在；或者，年轻人不如干脆在睡眠里度过。因为在此期间，青少年们为非作歹，不干好事。他们不是与其他的孩子乱搞、伤风败俗，就是偷盗、打架，无恶不作。”这位牧羊人所列举出的种种问题，诸如少女怀孕、不尊重长辈、触犯法律以及行为粗暴……这些问题在今天，仍然受到人们的关注。正如这位牧羊人一样，许多父母甚至也希望，孩子们能够像被施了魔法一般从孩童时期一跃跨入成年期，绕过那充满了危险的青春期岁月。

爸爸却不是这么想的。第一，青春期并没有老牧羊人说的那么混乱和可怕。第二，如果真的在你的生命中抹去了这段岁月，那么，也就丧失了生命中最充满活力、最情趣盎然的一段时光。爸爸倒是希望你直面你的青春期。你要记住的是，青春永不回头。

既然直面，今天爸爸想和你说的是青春期绕不过的一个字——性。

什么是性？性含有生物学和心理学、社会学两方面的意义。

生物学意义上的性首先是一种生命现象。自然界中存在各种不同的生命形式，其繁衍的方式也有所不同。有的通过内身的裂解，有的通过种子的再生，有的表现为卵在母体外的孵化，也有的表现为胚胎在母体内的生长。所有这些繁衍方式最后可归结为最基本的两种——无性繁殖和有性繁殖。较之无性繁殖，有性繁殖的优越性在于，通过遗传和变异，其后代既兼备双亲的遗传素质，也能产生不同于双亲的变异特性，大大增强了物种对环境的选择适应能力。除了低级的生命形态之外，地球上多数较高等的生物都要依赖于性来延续物种，两性的分化和差异导致了相互的吸引和补充，产生了爱情和结合的冲动，因此，性是联结生命的纽带，是延续种群的保证，丧失了性就往往意味着某一物种的消失。这种生物学上的性往往被看做是生物的本能，人类继承了生物学上这种性的本能，有男性和女性的区别，有各自不同的性器官，并通过性结合繁殖。古人说“饮食男女，人之大欲存焉”，即是指人类的这种自然本能。



但是，人类的性又不同于动物的性，有其自身的特殊性，人类具有任何其他动物都没有的意识和思维活动，因而除了纯属肉体的性之外，伴随性活动还产生了性的心理体验、性意识和性观念，使性不仅有生物学的意义，而且有心理学和社会学的意义。在社会学方面人类的性同时也被赋予了精神和文化的涵义。男女两性的差异，不仅表现在生理解剖方面，也表现在心理、社会等方面，被打上了人类社会的烙印。正因为有了性，才构成了丰富多彩的人类社会。人若是没有了性，就失去了人与人之间的爱情，人间也将变得异常单调和没有生气。因此，对于个人来说至关重要的性，也必然会对社会产生重大影响。

也许你需要一个通俗的说法。那么，让我们一起来看“性”这个字的写法。汉语的“性”是由心理的“心”加上出生的“生”构成的。其中“生”可以代表我们的身体。所以“性”是包含身体与心灵的。也就是当两个人有性关系时，他们的身体和心灵都应当变为一体。正如社会学家费孝通教授所说的那样：“人类的两性生活不仅是完成生物上的生殖作用，而且通过两性之间的感情，可以丰富和美化人类生活的内容，使这种人与人的关系升华为一种艺术的享受，同时也成为人类社会发展到更高阶段的动力。”

有人说：“女孩认为‘性’是获得‘爱’的过程，男孩认为‘爱’是获得‘性’的途径。”这种把爱和性混为一谈的说法，爸爸是不认同的。女孩在真心爱一个男孩的时候，如果认为把贞操献给他才能增进或维持两个人的爱情，男孩如果认为爱情只是占有对方身体的一种手段，结果，就很可悲了。

在我看来，爱和性是两码子事情。女孩爱双亲，爱同性的朋友，爱宠物，跟性都没有关系。相反地，跟一个不相爱的人发生性关系，却并不是不可能的事情。结婚后爱和性相结合，那是一个人能体会到的最深沉和最有意义的经验。但是在结婚以前，如果把爱和性混为一谈，足以引起危险的后果。

有人以为婚前获得性经验可以使结婚后的生活格外美满，其实并非如此。据美国婚姻问题专家汉密尔顿调查的结果显示，男性和女性都发现，妻子在结婚时还是处女的婚姻，要比妻子有婚前性经验的婚姻“美满得多”。

还有一种情况是，女孩随便献出身体，有时不但不能增加男孩对她的爱，而且会被“征服”她的男孩认为她“下贱”。在这种情形之下，性关系反而会使女孩失去爱情。

更危险的是，女孩如果一旦为了表达对男孩真心相爱而让他突破关防，从此她将变成另一个人。如果她没有很快结婚，她会从一个单纯的人变成一个跟男孩一样容易“冲动”的人。容易失去控制，容易受到寻求发泄欲念的男孩的引诱。许多未婚的女孩"随便"跟好几个男孩发生性关系的现象，就是这样造成的。

所有的好女孩都应该了解这些状况，了解得越深，越能保护自己。女孩在发生婚前性关系以前必须知道，一旦进入新的领域，她将无法回到往昔的安全境界，而且在目前的半开放社会里，她的处境会非常不利。为了表示深爱某一个人而错误地付出这样大的代价，未免太不值得了。

道理讲了这么多，爸爸是真心希望你不要在婚前偷尝"禁果"。

当然，爸爸相信你迟早会有步入婚姻殿堂的一天。那么，这里预先跟你讲讲怀孕与避孕知识。

你怎样才能知道自己是否怀孕了呢？答：确定自己每月经期是否正常。如果最近有过性经历，且没有采取避孕措施，那么，在此前提下，例假已推迟一星期，甚至更长，则可去药店买试纸测试。



怎样避免意外受孕？答：对于处在青春期的少女，避免受孕最好的方式就是"禁欲"。对于已有性经历的女生，则可采用可靠的避孕方法，如：避孕套、口服避孕药、避孕膜和避孕栓等。

紧急避孕药可常服吗？答：紧急避孕药只能在紧急情况下才可服用，如没医生指导，在一个周期内频繁服用则会使女性内分泌紊乱，导致月经不调；还有一些青少年认为体外射精、安全期或女生月经期间都不会怀孕，其实，这些情况都可能导致怀孕，临床上还曾出现过处女膜未破也受孕的例子。

避孕不成功怀孕了怎么办？答：如果还没有做好生育的准备，可以终止妊娠，也就是流产。目前我国医院采用的流产方式有两种：药物流产和人工流产。药物流产适宜在怀孕 7 周内做，人工流产适宜在 10 周内做。药物流产时一定要在医生的指导下服药。

亲爱的女儿，当有一天，毛毛虫真的变成蝴蝶，请你用以下四项标准来衡量“性”的健康：

一、身心发育完全。人自受孕成胎儿起，性发育便伴随身心发育同步进行。性发育的完全，必须要有五重性征。第一重性征坐落在人体的每一个细胞核上。正常人的细胞核中有两条性染色体，附缀有性发育的密码。第二重性征是性器官。第三重性征亦称第二性征或副性征。突出分明的副性征表现在男人的身高、体重、肌肉骨骼比女人粗壮结实，体毛浓密，喉结突兀而使发声浑厚，皮肤粗糙；女人乳房、臀部多脂肪积累，躯干乃至肢体呈曲线形，柔韧有余。第四重性征跨入心理领域，男女在气质、思维、情趣爱好等方面有不同倾向。这重性征也有畸形病态，被称为性变态。第五重性征是性角色之异。父亲与母亲，兄弟和姊妹，尤其是丈夫与妻子，均是男女性角色分工的标志。

二、没有性传播性疾病。健康的性由健康的男女体现，除了有完善的身心发育，还须保护发育好的身心不受疾病侵害。与性关系不大的身心疾病间接损及性健康，而关涉性系统（性器官加上全身皮肤、中枢系统中的丘脑等结构）的疾病，直接损及性功能。特别是由性活动传染的性传播性疾病的存在，明显地危及性健康。由于性行为主要是在两个人之间进行，依法律要求还必须在婚姻之内，和性有关的疾病，即使发生在一方身上，性生活过程也会损及对方的利益。如果是性传播性疾病，还可传染给对方。凡是性活动过程中会对配偶带来健康威胁的人，便是拥有不健康的性，主要是性传播性疾病。目前构成最大危险的是非淋病性尿道炎与艾滋病。前者由尚无特效药对付的衣原体与支原体感染，且在性泛滥的男女中患病率非常高。后者结局是很少例外地全身免疫系统瘫痪而死亡。

三、不染指权、钱交易。健康的性，体现在社会生活上是纯洁、崇高的，它既是神圣的无价的生命的组成部分，也是由尊严、自爱、善良组成的真善美人格的重要方面。受历史、文化的某些不良影响，本应美好的两性关系历来受到金钱利益和权力体系的莫大干扰。性一旦受到金钱、权力干扰，强令身心和性当成商品为别人（哪怕是父母）的经济利益、名誉和地位服务，无法体现个人的自主性，性的健康素质被阉割或被误用，也就丧失了健康。这种丧失，不一定是受他人意志的支配，也可能是个人的“自由”选择，如自愿卖淫。健全的男女，从言语到行动均应竭力抵制权、钱的诱惑。

四、接受爱欲导航，创造婚恋幸福，推动社会文明进步。性在人身上，继承祖先的遗传，依生物学上的合目的性存在用于繁衍后代服务，基本成分是生物性的。人若单纯依从生物的性，很易在纷繁的社会事务活动中迷失方向，故必须在感情生活中寻找到一个最可靠、最纯洁的伴侣，他（她）便是爱人。爱人之间才可能以相互平等的身份，纯粹的情操，倾心持久的爱慕共同生活。健康的性因而必须有爱滋养、维护。找不到可靠的爱情，性便是孤零零的存在物。



今天，正值青春年华的你需要的是“防范”。你要懂得一些预防性防卫措施：

1. 树立被害防范意识。在社会生活中，每个人都是潜在的被害人，每个人都有可能遭受他人的性侵害。因此，必须随时注意遭受性侵害的可能性，提高保护自己的警惕性。

2. 注意衣着打扮。许多性侵害行为是由不恰当的衣着打扮诱发产生的。过分暴露的衣着、妖冶浓艳的化妆等，都有可能激起他人的性冲动和错误联想，引起他们的性侵害行为。

3. 注意言行举止。轻佻放肆的言语、过分热情活泼的行为举动，都有可能使他们产生误解，导致性侵害行为。

4. 注意行走路线。女性不宜在偏僻、阴暗、狭窄的道路或巷子行走。夜晚行走时，要选择行人较多、路灯比较明亮的道路行走，并且尽可能在道路中间行走，不宜在马路边或路灯昏暗的地方行走。经过茂密的树木、建筑工地、废弃房屋、桥梁涵洞时，要特别小心。

5. 注意所处环境。统计研究表明，在城市和乡村的某些地方更容易发生犯罪案件，例如在车站、码头、商业区、娱乐中心、建筑工地、破旧市区等地，所以应当尽可能避免在犯罪多发地长时间停留。尽量避免单人行走。

6. 注意环境防范。女性单独在家或在家中睡觉休息时，应当关闭窗户，锁好房门，避免虚掩房门的做法。尤其在夏天开窗午睡、夜晚就寝时，一定要锁好房门，固定好窗户，挂上窗帘，避免外人直接看到屋内情况。

7. 注意辨别他人言语。听到别人的恭维话时，要注意辨别对方的言外之意和进一步的企图；遇到别人说挑逗性的话时，应当恰如其分地引开话题或者离开对方。

8. 谨慎结交朋友。研究表明，在强奸犯罪中，大量的犯罪是发生在熟识的人们之间，属于“熟人强奸”；发生在熟人之间的其他性侵害行为，也占有相当大的比例。因此，要谨慎结交朋友，尤其注意不要轻易单独与太熟悉的异性约会。

9. 平和待人。平时应当礼貌待人，即使别人有不当言行，也应当有理有节地处理，切忌做出过分的反应，尖嘴利舌，用刻薄、狠毒的言语挖苦、侮辱别人，很容易激起别人的报复心理，引起复仇性的性侵害行为。

另外，你还要掌握一些与异性交往的原则：

1. 集体交往。尽量避免与单个的异性密切交往。与异性团体交往可以使你吸收多个异性的优点，可以缓解初次与异性交往所引起的羞涩与困窘感。

2. 自然交往。言语、表情、行为举止及情感流露要自然、顺畅。既不过分夸张，也不闪烁其词；既不盲目冲动，也不矫揉造作。要恰当地表现自己。

3. 适度交往。不要故意疏远，也不能过分亲密，要保持适当的心理和空间距离，做到诚恳待人和热情大方。

4. 保持独立。要独立，不能过分依赖异性朋友。每个人都应有自己独立的心理世界，要学会独立思考、独立判断，不盲从、不轻信。

5. 尊重对方。与异性交往时要尊重对方，所言所行要留有余地，不要毫无顾忌，谈话涉及一些敏感话题时要回避。不随便干扰对方。

6. 最重要的是自尊自重。同异性交往时要自尊自重，不能自作多情。要注意衣着打扮和言行举止，不随意打闹和挑逗，身体接触要有分寸。

等待着你美丽绽放季节的到来！

爱你的爸爸

# 我们都是幸存者

## ——15 岁生日书



亲爱的女儿：

在你15岁生日的时候，爸爸最想和你说的一句话是：“我们都是幸存者!”

是的，这句话似乎过于沉重，但当我们把时间回溯并且定格到2008年5月12日14时28分04秒时，你也许就会明白爸爸的心意了。

2008年5月12日14时28分04秒，四川汶川、北川发生里氏8.0级地震，地震造成69227人遇难，374643人受伤，17923人失踪。这是新中国成立以来国内破坏性最强、波及范围最广、总伤亡人数最多的地震之一，被称为“汶川大地震”。

“那一刻地动山摇”，我并没有感知，因为我远在苏州，而且办公的地点不是在高楼上。但事后我有些害怕，且不免庆幸。因为，受出版社委托，我主编了四川德阳（震区）职业学校选用的一本语文教材，按照计划，我们原定在地震发生期间去德阳和老师们座谈。后来，由于大学母校校庆，出于情感方面的考虑，我请求出版社和德阳方面商量，延至15日前往，这才算“躲过一劫”。

但要是爸爸当时就在德阳呢？或者说，地震的震中不在德阳，而在我生活的苏州呢？……这样想来，诚如学者周国平在其博客上所言，“我只是侥幸逃过了一劫而已。灾难完全可能落在我的头上”；“我，你，每一个活着的人，我们都是幸存者”。

幸存者就会有幸存者的思考。因为“幸存”，我理解了“拥有”的真实含义。一切拥有都是暂时的，得到就是失去的开始，不必过于执着计较。对已拥有的，要心存感激，懂得珍惜；对未拥有的，要量力而行，学会放弃。因为，死亡天使在废墟中说：“你所拥有的一切都是我的，不是你的。你的爱人、你的孩子、你的房子、你的车子、你的票子、你的事业，你所有的一切都是我的。我随时都可以把他（它）们带走。凡你所拥有的，都并不恒久。”

幸存者除了对死难者有着更多的同情、足够的悲悯之外，也会对真正幸存的人产生同样的庆幸、更多的宽容。当那个叫范美忠的老师意识到大震来临，什么话也没说，在学生还没有反应过来的时候，一个箭步冲出教室，冲下楼梯，“一溜烟就跑得没影了”，第一个冲到足球场中间的时候，我们除了批评他师德的缺失（爱学生是师德的核心），谴责他“没有丝毫的道德负疚感”（5月25日《新快报》）之外，我们还是给他一些宽容：作为一个自然人，逃生也许是他的本能。



说到“宽容”，《辞海》对“宽容”的解释是“宽恕能容人”。《现代汉语词典》的解释是：“宽大有气量，不计较或追究。”这只是一个气度和修养的问题，属道德范畴，而且特别值得注意的是，它已将宽容者置于正确的、高人一等的位置，而被宽容者则被预设在错误的、无礼的、冒犯的地位上。这使它的意义近乎宽恕、饶恕、“君子不计小人过”、“宰相肚里能撑船”。

而爸爸在这里说的“宽容”，在英文中其实是“tolerance”这个词。对于英文“tolerance”的解释，牛津、朗文、韦氏等大词典基本相同，即：对不同于自己的信仰、思想和行为的容忍或承认，以及一种与思想和行为与众不同者建立和维持共同体的品质和能力。“tolerance”重在平等，重在自由。它的理论依据是人与人在人格和理性上是平等的；它的价值指向是人与人交往、人与社会发生关系的时候，有这么一个思想平等的根本性原则；它的引申意义是不得侵犯他人思想和行为的自由，不得将自己的思想和行为方式强加于人。汉语里似乎没有一个词能与“tolerance”相对应。

尽管爸爸觉得应当宽容（tolerance）范美忠的行为，但这并不意味着他的选择就是我的选择。人有三重生命，第一重是他的肉体生命，生老病死，饮食生息；第二重是他的社会生命，各种角色，权利义务；第三重是他的精神生命，超乎天地，思接千载。我们不能忘了，人之所以为人，除了他是物竞天择的自然人，他还应当是承担着社会责任的社会人。作为自然人，肉体生命的逃生的确几乎是每个人的本能；但，作为社会人，社会生命的救人为什么就不能同样成为一个人的“本能”？——我们或许可以称之为“社会本能”。这种“社会本能”，说得通俗一点，就是“责任”。

谭千秋，同样是一名教师，“我们发现他的时候，他双臂张开趴在课桌上，身下死死地护着四个学生，四个学生都活了”，一位救援人员如是描述。

王周明，一名年轻教师，50多名学生的班主任。地震发生时，他指挥学生分两路从教室的前、后门逃生。房屋垮塌的一瞬间，他一个箭步冲上前去，把还没跑出教室的一名女生推出教室。这时，一根粗大的横梁打在他头上，他的头盖骨被击碎……

汤鸿，二十多岁，年轻漂亮的舞蹈老师。地震发生时，她正在为学生排练迎“六一”儿童节的舞蹈节目。发现险情后，她把学生推向墙角，把她们拥在自己怀中，垮塌的楼体砸在她的身上……她的尸体被找到时，她俯身趴在那面墙的角落里。她的怀里，三个女孩活了下来。

向倩，什邡龙居小学英语老师，去年刚刚大学毕业。废墟中，她的身体断成两截，脸部血肉模糊，但她的双手仍紧紧拥着两个学生，人们怎么掰，也无法掰开她紧紧搂住学生的双手！校长说：“向老师当时离逃生口最近，她在三楼给六（2）班上课，只需跨出教室门，再走两步，冲到走廊，就能躲开轰然坍塌的楼板，从楼道逃生！”

向倩的父亲向忠海是什邡南泉小学副校长，他在悲痛欲绝中说：“我可以理解，作为教师，应该这样！应该这样！”

在这里，“应该这样”，说出的是什么？说出的就是“责任”，是一个教育工作者的责任。

当地震来临，你会做怎样的选择？

作为一个幸存者，也许，这才是最需要我们思考的。

爱你的爸爸

# 考试是一次总结，但不是终结

——16 岁生日书



亲爱的女儿：

转眼一个学期就要过去了，当我提起笔来写这封信的时候，我仿佛看见你在学校的情形：天还没有完全亮，起床的铃声把你催醒；春寒料峭的清晨，你在食堂排队，用最简单的早餐；爸爸出门上班的时候，你已经在教室里大声读你的语文或者外语了；爸爸在课堂里听课的时候，你就像我身边的同学，在那里思考、发言；晚上我在家里的电脑前工作，你在安静的教室里自习、做作业……

随着期末考试的临近，你在电话里和你妈妈说，你感到有些紧张。现在我告诉你：考试前，尤其是在重要考试前紧张其实是一种常态，绝大多数人在重要考试前都会紧张；适度的紧张有利于发挥，有利于集中精力将重要考试考好。如果完全不紧张，完全不焦虑，对待重要考试和对待平常考试一样的话，也许反而不利于考出好成绩。

亲爱的女儿，在爸爸看来，考试是一次总结，它是教与学之间的一个基本环节，考试就是对教与学的结果进行检查和评价。这样的考试我们无法躲避，我们必须正视；这样的考试，我们只有微笑着面对，才能获得经验，汲取教训。估量一个学生的学习成绩，分数是一个简单的标尺；比较一群学生的学习成绩，很容易的方法是排列名次。有时候我们会忍不住问问分数，忍不住看看名次……但除了这些冷冰冰的数字，我们还应当看看别的：看看你的学习目标是否已经明确，看看你的学习兴趣是否日益浓厚，看看你的学习意志是否坚韧刚强，看看你的学习基础是否牢固扎实，看看你的学习方法是否正确有效……老师呼唤的是这样的学生：不为分数而学习却取得了好成绩，因为他在学习中获得了极大的快乐；不为名次而考试却考出了真水平，因为他毫无负担地将自己投入了竞争！

判断一个学生一个学期的学习情况，不能简单用分数和名次来论断。

初高中的教学目标和能力要求是大不相同的。高中毕业，必须面对国家的一次选拔性考试——高考，因此，学校平时的考试必须顺应高考。顺应高考，也就是顺应大纲的要求。大纲规定，高考试卷的难度系数在 0.55—0.65 之间，也就是说，如果是满分 100 分的试卷，参考学生平均分数应在 55 分—65 分之间。对于在初中经常考 80、90 甚至满分的你来说，应把心态调整过来，先问一问平均水平，再问一问最高得分，这样既能找到差距，又能获得心理的平衡，考不及格了，也不至于大惊小怪。关键是要找到失分的原因。



学习上的优势与劣势从来不是绝对的。考班级或者年级第一名（以此类推到最后一名）的，昨天是你，今天是他，明天或许换了别人……总有一人考最后，也总有一人考第一，在升与降的调整中，你首先要看清自己的实力（不能再以初中时的排名来衡量，因为你现在的同学和你一样接受过中考选拔），其次要看清自己的能力（是真考好了，还是撞个正着？是真考砸了还是一时的粗心？是全科冒尖还是一枝独秀？是全面倒退还是一科拖腿?），最后要看清自己的潜力（如果是“骐骥”，能不能来个“十驾”而不是“一跃”？如果是“笨鸟”，能不能来个“先飞”而不要“惊弓”?）。要知道，对于刚上高一的你来说，时间才过去了六分之一，你还有的是时间来调整自己的学习状况。关键是你能不能用行动大声地对自己、对老师、对同学、对爸爸妈妈说一句：“我能行！”

考试是一次总结，但不是终结。分数、名次，它展示着一部分的真实，也掩盖了另一部分的真实；它表现了一方面的公平，又隐藏了其他方面的公平；它把立体的东西平面化，把复杂的东西简单化。作为一名高中学生，既要重视分数，重视名次，把它作为参照自己学习状况的一面镜子，激励自己向上的一种动力，同时更要明确，学习是对生命的充实，是对心灵的扩展，这种充实、这种扩展指向无限多的方向，绝不是靠几门课程的分数就能体现出来的。在这个终身学习观已在全球范围内确立的今天，我们要拿出“知之者不如好之者，好之者不如乐之者”的态度来对待学习，去争取自己成功的人生。在不需要进行考试的学习内容上，我们仍然要保持旺盛的学习兴趣；在无法用排名比较的领域中，我们仍然要投入饱满的求知欲望……这才是真正的学习，才是真正在为自己的精彩人生而努力！

这里，我想略微具体地和你谈一谈高中三年的学习方略。

一、要明确学习的目的。学习是一件苦差事，大多数人都有这样的体会。但也有人把苦事变成了乐事，那是他找到了学习的意义。正如尼采所说：“懂得‘为何’而活的人，差不多‘任何’痛苦都忍受得住。”我们为什么而学？为报答父母的养育之恩，为感谢老师的培育之情，为促进社会的文明进步；也为自己的衣食生存，为自己的荣誉名声，为自己的有为人生……我希望你能够做这么几件事：1. 注意收听收看国内外时事新闻，家事国事天下事事事关心；2. 读一本伟人传记，我推荐你读“为中华之崛起而读书”的周恩来的传记；3. 针对自己的思想弱点找一句或写一句能够医治这一弱点的“座右铭”，贴在醒目处；4. 每天用15分钟左右时间写日记，问三个问题：今天最大的收获是什么？今天最大的不足是什么？明天有什么打算？5. 在老师或爸爸妈妈的指导下，试填一次高考志愿。

二、要激发学习的兴趣。研究证明，如果一个学生对学习有兴趣，积极性高，就能发挥其全部才能的80%—90%；反之，他的才能只能发挥20%—30%。法国著名昆虫学家法布尔说，兴趣能让人把精力集中到一点，其力量好比炸药，立即把障碍物炸得干干净净。在激发学习兴趣这个问题上，我希望你试着做一做这么几件事：1. 如果你喜欢文化课以外的东西（比如足球、篮球、电脑）到了痴迷的程度，能不能用一个月的时间来进行一次适当的调整，在这个月里，在痴迷的项目上最大限度地克制自己，把精力转移到文化课中去，以求得一个月后的适度平衡；2. 如果你特别不喜欢某门学科，你一定要找科任老师聊一聊，听听他对这门课学习目的、学习内容、学习方法的介绍，最好再问一问他当初是怎么学这门课的，你还可以问一问班上对这门功课感兴趣的同学，他们的兴趣从哪里来的；3. 每一个章节学完，你不妨扮演一回老师的角色，给同学（互相这么做最好）出一份试卷，你们互相批改，互相讲评，一定会很有意思。



三、要磨练学习的意志。高中阶段的学习是充满了竞争的紧张学习，好比用跑一百米的速度跑一万米，谁坚持不懈，谁就能成功。如果想在今后升入高校、进入社会后，在任何时候任何场合下，在做任何事时都能得心应手，并且得到应有的评价，那么在高中学习期间，就不应该有晒太阳的时间。为磨练学习的意志，我建议你试做以下几件事：1. 每天早起，坚持跑上1000米；晚上做100个仰卧起坐或俯卧撑（哪怕从200米开始跑起，从10个开始做起，渐进）；2. 在考试失败、学习中受到挫折时，主动地找老师谈一谈，找到原因，寻求改变。3. 尽快培养适于自己的良好的学习习惯，该学习时就学习，该休息时就休息；不被老师牵着鼻子走，不搞临时的考前突击；预习、复习、作业阶段分明；上课专心致志，下课有疑便问；日有计划，对照执行。

——要永远记住这样一个公式：状态 > 方法，方法 > 苦干！

美国心理学家马斯洛把“自我实现”的人视为个性发展最健全的人。在他看来，这些人能自我管理，自我激励，自我鞭策，而无需靠领导建立的监督和奖励机制的约束。作为你的爸爸，我主张让你主动发展，主张让你发挥个性，从而实现“自我实现的人格”的初步塑造。而要做到这一点需要你从每一堂课、每一本书、每一个在校与不在校的日子做起。我有理由相信：你会拼搏在每一分每一秒，你将无愧于生命青春的每一页！

又快到你的生日了，这封信就算是我给你的生日贺礼吧！

爱你的爸爸

# 高考作文这件事

## ——17岁生日书



亲爱的女儿：

明年你就要参加高考了。现在，我和你来谈一谈高考作文这件事。2010年江苏的高考作文题目依然采取了“提示语+标题”的形式，这是在预料之中的，这是江苏想保持的“特色”，但今后会不会和全国其他独立命题的省市一样，采用新材料作文的形式，值得思考。

江苏作文阅卷组在制定评分标准时指出，对于“绿色生活”这个题，考生不能离开“生活”谈“绿色”，也不能离开“绿色”谈“生活”。只有把两者结合起来，才是题中之意：从情感层面解读，那就是热爱自然；从实践层面解读，那就是护卫自然；从思想层面解读，那就是顺乎自然。

阅卷组还指出，“绿色生活”主要是指自然、环保、节俭、健康的生活方式。大凡节约资源、减少污染、多次使用、救助物种、保护自然之类的环保生活行为均属此列；大凡拒绝使用一次性木筷、不追求过度的时尚、拒绝过分包装、支持可循环使用的产品、随手关闭水龙头、尽量乘坐公共汽车之类的低碳生活方式均属此列。而精神层面的生活，则要扣住“道法自然”（道家）或

"天人合一"（儒家）的核心意蕴去找准契合点；人们的情智、态度、灵魂、禀赋诸方面都要紧扣"顺乎自然"这一核心意蕴去选择。例如重在享受过程的积极主动的快乐学习生活，又如既敬业乐业又能寄情山水、休闲身心的工作状态等。

从阅卷的实际情况来看，这是一道上手容易写好难的题目，貌似贴近生活，而且也不太容易跑题，但考生大多落入俗套，围绕着低碳、环保、保护环境等泛泛而谈，像是在写一篇"环保征文"，且鲜见新意，不见深意，因此普遍得分不高。更值得注意的是，部分考生把爱国、亲情、友谊、坚韧不拔、自强不息等直接套入"绿色生活"之中，呈现出"泛绿"倾向，这类作文被打到了及格分以下。而能扣住"绿色生活"内涵作个性化的解读，认识独到、深刻，或者能从一个独特的角度切入，进行层层深入地分析论证的文章，以及能从一个小且巧的角度切入，叙写自己或他人"绿色生活"的经历或过程，进而引发自己的体会或感悟，或者以独到的故事情节为开篇，简洁而传神地描写人与自我、人与自然、人与社会中"绿色生活"的图景画卷，引发自己对"绿色生活"的体验和感悟的文章，实在是少之又少。

现在，让我们来看这样一篇被判为满分的考场优秀作文：

## 绿色生活

江苏某考生

蜗居一隅。剥落的朱红，凌乱的书架，飘摇的老屋……这一切，与理想中的绿色生活太不相称。

今天，你是否还在为日益暴涨的房市殚精竭虑？是否还在替明天的落脚点大声疾呼？是否还在为身居蜗壳怨天尤人？你终日翘首期盼头顶那片绿，却发现自己变得很低很低，低到尘埃里，陷于名利中，一身污泥……你的书架蒙了尘，你的心灵生了灰。

生活本绿色，菩提本无树，然，何苦惹尘埃？

可我还是终于瞥见了你的满架藏书和藏书后面的那盆文竹，它透过几千年厚重的书田，袅袅动人，青翠欲滴。你摸摸那文竹的叶片，眼里有我读不懂的深意。你建议：何妨用只透明的玻璃杯，来泡一杯春色？

春色三分，二分尘土，一分流水，茶源于尘土却止于流水。这杯中的茶，竹雨缤纷翩翩而下，如御风群舞，绿波荡漾。此时捧起，雾色弥漫，影影绰绰。这已不是墙上的画，书上的诗，而是胸中的万千气象，是锦绣河山浓缩于身体里的悠然体会。

你呷一口茶，望向窗外，发现绿竟有如此丰富的层次和差别，鹅黄浅嫩，苍翠葱郁，青碧墨黛，展现尽你所能想象到的每片绿。在这时，每棵树，每株草，每片叶，都是一片独立绿，绿到你自身也要幻变成一片绿，一片匍匐在万绿丛中的叶。



你收起目光，看了我一眼，似有深意。你说：阿拉伯人品茶有三道，一道苦若生命，二道甜若爱情，三道淡似微风。而佛门悟道有三个阶段：勘破、放下、自在。其实，无论是茶，是诗，还是禅，都是使人回归到至纯至简，至明至净，过一种绿色的生活。你再呷一口茶，不再言语。

好，我知道了。现在，什么也不要说，让我们端坐下来，坐成道，坐成神，坐成佛，看这文竹的翠片长久地绿下去，看我们的心灵空灵到最佳境界，让我们拂去尘埃清扫花径。

行走于尘世，有人低头捡拾别人落下的钱币，埋头刨尘埃里的富贵，亦有人向往绿色生活，他们抬眼揣测云的心思，聆听天边的落羽，观察刺入天际的大树，他们全长着富有哲理的眼睛。

绿色生活，先是“静”，再是“净”，最后是“境”。

简单而闲适，人因植于对绿色生活的歆羡而得以荫庇在美的浓荫下。

亲爱的女儿，这篇作文，我们无法简单地用“记叙文”或者“议论文”来断定它，它就是一篇散文，而散文，正是你所偏好的一种写作文体。

那么，怎么写好散文呢？我认为最重要的，是写好“意境”。

散文的意境有三个层次，或称三重境界：一是写实，二是传神，三为妙悟。它“不是一个单层的平面的自然的再现，而是一个境界层深的创构”（宗白华：《中国艺术意境之诞生》）。

“写实”的“实”，一方面是指真实的客观存在，另一方面，则是指思想感情的真实，不虚饰，不矫情。这种境界要求作者忠实地记述客观事物的存在形态和发展运动过程，毫不掩饰地向读者展示一个赤裸裸的自我。朱自清的《背影》就是这样的写实名篇。那个捧了一袋橘子爬月台的老态龙钟的父亲营造了一个令人心酸的送别仪式，至今仍能打动不少读者的心。

“传神”的“神”，指的是事物内在的底蕴和神采。它要靠“形”来传达，“形”即指客观事物的外部形态。当代著名女散文家苏叶的《画饼娘》中有一段文字令人过目不忘：“曾经开心地疯狂地笑过，说要开一爿店，卖炊饼。店名就叫‘画饼斋’。每日以仅有的原料，做几个实在的大饼，卖给那些无福领略美酒佳肴的普通人。……倘做到哪一日，忽然缸底的面，瓮里的油，都成虚幻，而疲惫的路人仍寻上店来，我便搬出笔，在纸上画一个圆粑粑给他。告诉他，饼是没有了，钱是不收的，你就把这个拿去吧。他或者撕了，或者骂一句，或者觉得这个店还有些情意，都可以，我都笑纳，都觉得安慰。”这段文字，写出了作者一种超凡脱俗的情趣，可谓“传神”。

“妙悟”的“悟”，是指作者对人生真谛的透视，对生活本质的发现。当代女作家潘向黎有一篇散文《红尘之上》，以在贺年卡上写的句子“明月松间照，清泉石上流”（王维：《山居秋暝》）为线索，对“聪明而不安定的女孩”、“朝夕共事的朋友”、“一个特别的男孩”、“亲爱的人”提出不同的批评、劝告以及希望。她觉得王维的这两句诗对于“聪明而不安定的女孩”来讲，“是一种宁静、淡泊的人生态度”；对于“朝夕共事的朋友”来讲，“是一种无须防范、了无芥蒂的默契”；对于“一个特别的男孩”来讲，“是一种单一洁净、不染尘埃的人间情怀”；对于“亲爱的人”来说，是一种“物我两忘、浑然天成的禅”。她觉得人生应当有一种超脱于十丈红尘之上的“安宁、纯净、隽永，亘古不变”的境界。读这样的散文，无疑是对自己灵魂的一次洗涤。

我们以此来观照上面的考场优秀作文：从“写实”的角度来说，它写了“饮茶”这件事，这是一件“雅事”，可谓选材讨巧；从“传神”的角度来说，“剥落的朱红，凌乱的书架，飘摇的老屋”画出饮茶的环境，“竹雨缤纷翩翩而下，如御风群舞，绿波荡漾”画出茶叶入杯的形态，可见语言功底；从“妙悟”的角度来说，作者用“静”、“净”、“境”三字概括对“绿色生活”的理解，可谓对人生真谛之透视，对生活本质之发现。



写实、传神和妙悟，并非提笔就有，这需要平时累积对生活的观察和感悟，其所谓“功夫在诗外”。

俄国著名画家菲多托夫曾经说过这样一句话：“求救于生活。”菲多托夫说，画室里的劳动，只占绘画劳动的十分之一。他的主要工作是在街头和别人家里。他说他总是睁大了眼睛去看，去寻找表现的题材。他有一幅名画《少校求婚》，有声有色地画出了没落贵族和新兴商人婚姻交易中极精彩的一刹那。为了画好富商的形象，他常到商场去，观察商人们的容貌、体态、神情。他曾在一座桥边看见一个商人，这人“有着棕黄色的胡须，挺着大肚子走路”。他认为这个形象很典型，很理想，便跟踪他，一直跟到他的家里。后来又和这个商人交朋友，在他家住了一年，不断观察他的举动，研究他的性格，还给他画了肖像画。后来，菲多托夫就把这个商人搬进了《少校求婚》中去，创造了栩栩如生的形象。求救于生活，才不会使作品成为无源之水，无本之木。

法国作家福楼拜指导学生莫泊桑写作时，主要就是让他观察生活。他要莫泊桑每天把经过门前的马车、路人的不同情况速记下来。他说绝不会有两个马车夫的神情是一样的，重要的是抓住特征，不可似是而非。莫泊桑后来成为文学家，在他创作的许多小说中的人物形象鲜明突出，富有个性色彩。

也许你会说："可是我的生活太平淡！"是的，你作为一名学生，无非是从家到学校，再从学校到家，没有太多能引起你感情大起大落的事。但"平平淡淡总是真"，我觉得你不仅要学会敏锐地观察生活，而且更要学会体悟生活中的道理，这样才能写出好文章。

观察生活之后，还要感受生活，悟出情感，悟出道理。没有人的世界比盲人的世界更单调更没有色彩了吧？可在20世纪，一个独特的生命个体以其勇敢的方式震撼了世界，她就是海伦·凯勒——一个生活在黑暗中却又给人类带来光明的女性，一个度过了生命的88个春秋，却熬过了87年无光、无声、无语的孤独岁月的弱女子。然而，正是这么一个幽闭在盲聋哑世界里的人，竟然毕业于哈佛大学德吉利夫学院，并用生命的全部力量处处奔走，建起了一家家慈善机构，为残疾人造福，被美国《时代周刊》评选为20世纪美国十大英雄偶像。创造这一奇迹，全靠一颗不屈不挠的、善于感受生活的心。海伦·凯勒的《假如给我三天光明》打动了全世界无数读者。因此，要写好一篇文章，必须要用心感受生活，体验情感。

请注意"用心"二字。这个心，是一颗敏感而善良的心。只有心地善良的人，才能体察人情冷暖，才能关心国事家事，才能感受到自己身边的每一个变化。做人和作文是密不可分的。李白的诗俊逸清新，大气磅礴，是因为他为人洒脱奔放；杜甫的诗沉郁顿挫，锤炼功深，是因为他忧民爱国。德国诗人席勒说过一句非常尖锐的话："一个诗人的人格如果不比他的诗伟大，他的诗必将为人们所不齿。"

最后，请允许老爸不揣浅陋，用新写的长篇散文中的一个篇章来结束今年的这封生日信吧，祝你的作文越写越好！

## 与君书（节选）

袁卫星

我要先和你说说我所居住的这座城市。它的名字，是可以像莲花一样，从你的朱唇上轻吐出来的。当你吐出它名字的第一个字的时候，你就会觉得唇齿留香了。另外的一个字，你完全可以抿在嘴里，直到抿出它糯软的感觉来，直到抿得它化在你的舌根，甜到你的心头。——它的名字叫苏州。

我不喜欢那个戴眼镜的余秋雨给苏州下的定义——“白发苏州”。是的，苏州已经两千五百岁了，但是它依然长发飘飘、身姿婀娜，永远不老的样子。连被称为“百戏之祖”、老得不能再老、雅得不能再雅的昆曲，都排出了青春版的《牡丹亭》。苏州就像一个天上下凡，不，不，该是天堂固有的仙女，每到春天来临，就会水声轻灵，走动出一个曼妙的身段。



我知道我这么一说，你就会在苔痕上阶、草色入帘的季节到苏州来，扮一回风景，不，风情中的人。你会把杜丽娘那句“不到园林，怎知春色如许”咿咿呀呀地吟唱给我。是的，苏州园林，仅几块乱拼的花窗，就能乍现它的精细灵活；只一条曲折的长廊，就能隐藏它的悲欢离合。但我不会先带你去那些地方，我要带你先到平江路走一走。

平江路是古城苏州保存相对完好的一条老街。这条老街，绵延三四里，两侧伸出众多历史悠久的小巷，比如：狮林寺巷、东花桥巷、曹胡徐巷、大新桥巷、卫道观前、悬桥巷、菉葭巷、丁香巷、传芳巷、大儒巷、中张家巷、萧家巷、钮家巷等等。光这些个巷名，念叨念叨，就很有些味道，就会让你心底轻泛起些许涟漪，脑中平生出许多遐想。这就仿佛一棵饱经风霜的老树，累了，倦了，躺倒在青石板上，但枝枝蔓蔓依旧扩展开来，爆出春天的嫩芽；又如一个久经沧桑的老人，倦了，累了，闭目于岁月的躺椅，已无风雨已无晴，一任儿孙绕自膝。

但是他的“另一半”——平江河还在，同样是绵延三四里。几百年，不，应当是几千年如一日，正像我们和自己深爱的人约定的那样，相依相伴，终老不弃。或者如歌中所唱，“我能想到最浪漫的事，就是和你一起慢慢变老”……

要穿软底的平跟鞋，甚至纳底的粗布鞋走在平江路上，不要在凹凸不平、老实厚重的长条街石上敲击出“的咯的咯”的声音，不要去惊动历史。要打望舒先生在《雨巷》中“撑”过的那把“油纸伞”走在平江路上，不管逢不逢见“一个丁香一样地结着愁怨的姑娘”。要把心头事了无尘埃地放下，不是为寻觅而来，也不是为排解而来，为只为，什么也不为，什么也不为……

就这样，走在平江路上，你会觉得走出了另一片天地，走进了梦中的世界。一侧枕河石栏把时光流转、岁月冉冉诉说给你，两眼挡路古井将几多往事、几多风雨深蕴其中。俯身探视石栏光滑、苔痕青绿的井口，你会平添感慨：两千年了，历尽沧桑，它依然清澈无比！抬首凝望墙影斑驳、窗漆脱落的老宅，你会如陆苏州所言，“仿佛还可以看见王孙公子骑着高头大马走进了小巷，吊着铜环的黑漆大门咯咯作响，四个当差的从大门堂内的长凳上慌忙站起来，扶着主子踏着门边的下马石翻身落马”，“仿佛可以听到喇叭声响，爆竹连天，大门上张灯结彩，一顶花轿抬进巷来”……

如果你走累了，那就拐到中张家巷去转一转。这里有昆曲博物馆，有评弹博物馆，也有苏州最老的书局——百花书局。你可以到昆曲博物馆的戏台上去过把瘾。也许一个观众也没有，你只是自己演给自己看，但人生这出戏，本身就没有设什么观众席。你也可以到百花书局去淘线装的方块字，或者买最有名、最正宗的昆曲和评弹。你还可以掏寥寥的几块钱，和早晨在平江路上“王林记”烧饼店前排两小时长队买一个烧饼的老苏州们一起，再花上两个小时，在评弹博物馆听一曲评书，消受半个下午。品着茶、摇着扇，甚或手剥着不加糖、不添盐、香喷喷、干脆脆的原味香瓜籽，台上着长衫穿旗袍的演员说啥唱啥，尽管多半一句也听不懂，但你照样会在老苏州们哄笑开来的当口“扑哧”一声，照样会在老苏州们泪水涟涟的时候掏出手绢……

该是一声长调把你的魂魄召回到平江路。那是蓝印花布、提篮小卖的农家大嫂拖着长声在沿街叫卖："啊——要——白——兰——花——"这一声声的长调被一阵阵洁白纯美的花香所包围，你被它们牵引着，走过了潘世恩故居，走过了洪钧故居，走过了全晋会馆，一不留神，就走到了你所向往的园林——这里是藕园。

坦白地说，在苏州众多的私家园林中，藕园排不上什么大的座次。若论古朴，苏州有宋代的沧浪亭；若论雄深，苏州有元代的狮子林；若论雍容，苏州有明代的拙政园；若论清幽，苏州有清代的留园……而这藕园，仿佛当年园子主人在摊开的图纸上只画了了的几笔，显得太过随性，太过散淡。但正是这随性和散淡，合了平江路的风韵。平江路要是开腔唱来，必定是："我本是，卧龙岗，散淡的人……"



走出平江路，就是喧闹无比的干将路。这是苏州古城的主干道，目前正大兴土木，在原有路基下，建造苏州第一条轻轨线路。望着车水马龙而又拥挤不堪的街市，想着如何才能在滚滚车轮中穿过狭窄的斑马线，你生出感慨：平江路是多好的一条路啊，平江路是多美的一段历史！我转过身来，在你，也在自己耳边低语：

"这个城市，曾经到处都是平江路……"

爱你的爸爸

# 走向生命完满的旅程

## ——18岁生日书



亲爱的女儿：

在你“十八岁出门远行”的时候，爸爸想和你说说我的“成长历程”，一来让你更多地了解你的老爸，二来希望你从中得到一些启发。

我生于1970年。这个年代出生的人，接受理想化的东西多一点，对2000年实现四个现代化的宏伟蓝图充满向往。因此到现在，我都是理想主义者，甚至理想得有些过了头，成了幻想。这就有了工作和生活中的许多痛苦，有了性格命运中的悲剧因素。

我小时候的理想是做个军人。这不仅是因为我父亲是军人，更重要的，是那一套绿军衣绿军帽在我拍人生第一张照片的时候武装过我。尽管部队没有去成，但在骨子里我把自己看成军人，以父亲为偶像，直到今天，我在风一样走路雷一样做事的时候，还常常有这样的幻觉：我是一名军人。这也是精神病的一种，好在目前还没有分裂的迹象。

读初中开始我有作品在报刊上发表。拿到稿费对于贫寒的家庭来说是一件令人振奋的事。这时候我便有了人生的第二个志愿：当不了军人就当作家。父亲不反对我拿稿费但反对我当作家。反对的原因是“文化大革命”给他留下了惨痛的回忆，而我只踩到了一点尾巴，没有被蛇咬的经历；反对的后果是高中毕业我愣是进了师范，用父亲的话说：“现在可以吃安稳饭了。”

毕业分配，放弃留校的我被家乡文化局看中，要我去搞专业创作，肺病严重的父亲咯出血来力阻，孝顺的我二话没说回了中学母校执教鞭。可“人生不如意事常有八九”，我工作不到三个月，父亲竟撒手人寰。我悲痛至极，拾起笔来，写下许多欲哭无泪的文字。浑浑噩噩地过了三年，我在父亲坟上磕过三个响头之后，还是以“借调”的方式去了市文化局任创作员。在文化圈里我是如鱼得水。当我成为作协会员并有幸向陆文夫、范小青等知名作家当面讨教的时候，我有一种类似于在那艘著名的沉船船头“飞”的感觉。

然而，天有不测之风云，正当风动我帆、水扬我心的时候，一份《莫让优秀青年教师流失》的政协提案把我以行政命令的形式急招回课堂。面对曾经的出发点和眼前的停泊地，把钢笔换回粉笔的我有一种“迷不知吾所如”的感觉。而恰在这个时候，一位裤管挽得高高的农民，给了我睿者的指引：



那是一个细雨的午后，这位农民父亲打着土布的雨伞来找他的孩子。这是一堂寻常的语文课，课开始仅有五分钟。我说：“有什么急事，你把孩子叫走吧。”那位父亲连连摇头：“这怎么可以？这可是语文课！让他听完这堂课我再带他走。”于是，这堂课有了一位特殊的听众——一位打着土布雨伞站在教室外边滴雨檐下的父亲。于是，这堂课我上得特别投入，就像一位高超的琴师，在五十多名学生的心弦上拨弄了一曲……

从此，我踏进课堂的第一个念头就是：这堂课是我也是学生乃至学生家长生命中不可或缺的一部分；当我和我的学生回首往事的时候，不应当为这堂课的平庸苍白而惭愧，也不应当为这堂课的碌碌无为而悔恨。从此，我走下讲台的第一个问题就是：今天这堂课，学生收获了没有，我收获了没有；课的哪一个环节处理得特棒，哪一个环节还有待提高？从此，我尘封起我的作家梦，把人生航向修正为：做一个特立而不独行的语文教师，记住学生，并让学生记住。

这一年，已是1996年，我把它看做是我教育生涯的真正开始。

1996年8月，又是一纸行政命令，把我从中学母校江苏张家港市凤凰中学调入国家级示范高中江苏省梁丰高级中学任教。

调入梁丰不久，时年26岁的我就在一次由学校领导主持的青年教师座谈会上喊出了“学校给搭多长的梯，我就能登多高的楼”的口号，学校领导当即应了一句：“你要登多高的楼，学校就搭多长的梯。”这真是一拍即合。这一年，我成为市教坛新秀；第二年，成为市教学能手；第三年，成为全国中语会教改研究中心理事；第四年，成为市学科教改带头人；第五年，成为市首届名教师；第六年，“双破一拔”，成为全市最年轻的中学高级教师……其间，全国中语会、全国青语会、《语文学习》、《语文教学通讯》、《江苏教育研究》等分别以“教坛新星”、“封面人物”专栏等形式向语文界、教育界作了荐介。

在这“登高”的过程中，有两件事我永生难忘：

第一件事是我刚到梁丰不久，赶上学校一年一度的对外公开课活动，语文组要开课，组长找到我，说：“你亮亮相吧，这是一个证明你自己的机会！”我爽快地答应了，这时候有人跟我说：“你真傻，为什么人家不开偏叫你开？那是欺生！”我不以为然，觉得开课是一种责任也是一种机会，它锻炼人，别说让我上，不让我上我还要争取呢！结果那堂以“语文课堂需要情感世界融通”立意的《一碗阳春面》课一炮打响，300多位来自全国各地的听课教师（甚至有部分学校的司机）到最后自发起立，和50多名学生一起高歌了一曲《好人一生平安》，不少人是抹着眼泪离开阶梯教室的。我落了个“煽情派”的名声。不少听过这堂课的老师多年以后见到我还说：“那一碗阳春面，好吃！”以后我常揽开课的瓷器活干，我坚信，开的课多了，绣花针也会变成金刚钻。

第二件事也与公开课有关。那是1999年，我执教“张家港市首届名师展示课”。因了陈钟梁先生那句“教什么永远比怎么教重要”，也因了我对“诗意的呼唤和语文的回归”的主张，我以我在读高中读大学以及工作后的三首同题诗《致宝岛》为教材，向全市同行公开执教《亲近诗歌》一课。那天，市教委主管教育教学业务的副主任卢元钦先生匆匆赶来。他坐在前排靠近走廊的地方，不看我“表演”，只看学生“表情”。课后，听课老师走去一空，他留下来问学生：“老师平时常上这样的课吗?”这给我心头一震。——是啊，是不是平常每堂课都能像展示课一样，用心去做呢？翌日，我接到卢先生书面评课，洋洋数千言，热情鼓励，是他听课当夜写的。感动之余，我写下教育手记：“从今天开始，我会觉得，每堂课都是公开课，每堂课都有卢先生坐在那里。”



2001年8月，在经过了一番激烈的思想斗争与现实斗争之后，我和我的两位同事加盟民办翔宇教育集团。在翔宇，我用读书滋养底气，用思考带来灵气，用实践造就名气，感觉到人生进入了一个快车道。

到翔宇之后，读书方面最大的收获是开始孤身一人安安静静地与思想家对话：孔子、墨子、老子，佛学大师、禅学大师，梁漱溟、冯友兰、熊十力，苏格拉底、奥古斯丁、康德，维特根斯坦、海德格尔……思想家赋我以哲，使我开始跳出学科教学的小圈子，从更广、更深的层面上去探求教育的哲理和诗意。

到翔宇之后，思考得最多的问题是如何在教育中发展学生的精神，洗礼他们的灵魂，点燃他们的思想。我提出三句话：让学生学会感动，让学生学有思想，让学生学出意义。列宁说过：“没有‘人的感情’，就从来没有也不可能有人对真理的追求。”这就是感动的意义。罗曼·罗兰说，30岁——有人才开始，有人已经死了。这就是思想的价值。存在主义大师尼采说过：“懂得‘为何’而活的人，差不多‘任何’痛苦都忍受得住。”这就是意义的作用。

到翔宇之后，实践让我焕发出生命的活力：我在阅读教学中定位“读—解—悟”，在写作教学中定位“学—思—创”，开始探索“专题式语文学习”：《感悟亲情》、《善待生命》、《重返历史》、《神游未来》、《亲近大师》、《超越自我》。我在教室布置发表栏，在课堂设立演讲坛，在学校成立学生出版社，鼓励（甚至是鼓动）学生亮出观点，发表见解，形成思想。我借用奥地利精神医学家弗兰克博士的意义治疗法，利用日常生活中纤弱的细丝，为我班上的每一位学生编织出意义和责任，找到“充实”……

1996 年至今，我在思考中实践，在实践中思考，已发表教育教学论文 100 多篇，散见于《人民教育》、《北京教育》、《上海教育》、《江苏教育》、《中学语文教学》、《语文学习》、《语文教学通讯》等刊，其中 12 篇获全国一等奖，8 篇获江苏省一等奖。与人合著的《中学语文教与学》一书获得了全国中语会首届语文教研成果大赛专著类一等奖。在《中学语文教学》发表的文章有 10 篇被列入封面要目。《教师之友》连续 18 期推出我的专栏文章《今天怎样做教师》。为此，有人说我是论文专业户，更有人说我是论文获奖专业户。我不否认我喜欢写论文，但有两条我是努力去做的：我写我“思”，我写我“创”。我已在我的教育生涯中把写论文作为呼吸的一种方式，无论我吸进的是什么成分，都希望呼出氧气——我愿是一枚思想的绿叶——而我的葱茏来自于实践的土壤。

到翔宇之后，我每月都以“杏坛小札”的形式编印一期个人当月教育教学文集《寻找失落的人文》，每期 4 万—5 万字，几乎所有的文字都会在下月见诸教育报刊，这让我的笔一刻也不能停下来。惟存教育网站的柳栋先生还以兄长般的友情为我在互联网上安了名为“卫星话语”（www. yessay. net）的“家”（个人主页），“小札”自此有了电子版，有了网上读者，我更加掂出了手中笔的分量。“小札”的尊贵读者朱永新教授、朱小蔓教授、成尚荣先生、高万祥先生分别来信来电以鼓励予我自信，朱小蔓教授甚至派了她的博士生来校与我交流。

江苏省宝应县汜水中心小学辗转偶得《寻找失落的人文》两期，他们在征得我同意之后，全本复制，人手一份。又邀我去讲解。在那个冬至之日，我从上午 8：30 讲到 11：30，中间没有休息。来得早的，据说空着肚子坚持听完，其间多有流泪；来得迟的，因为座位有限，就坐（甚至站）在教室外面的走廊里听。寒风中的这份真情让我觉得，重要的不是我的题为《做一个理想教师》的讲解，而是那一条走廊。通过这条走廊，我分明走进了一个明亮温暖的空间。

而就在这个时候，我遇上了生命中的贵人——“他”。

他在网上征集民意，为中国教育仗义执言；

他在网下开展实验，为素质教育探寻新路。

他自费创办的教育在线网站成为中国最大的“网上教师培训学院”；

他主持开展的新教育实验被誉为中国的“新希望工程”。

他带领志愿者每年赴西部义务支教，

他几乎每个双休日都在全国奔走“传道”。

他是教育的理想主义者，

也是理想教育的践行人。

他，就是全国政协常委、苏州市副市长、苏州大学教授、博士生导师朱永新。



这是当年中央电视台对“感动中国”候选人朱永新老师的介绍。如今的朱老师身份变了，已是全国人大常委、民进中央副主席、中国教育学会副会长，但他的“新教育之梦”仍在继续。是的，生命是一张弓，那弓弦就是理想，就是梦。在人类的长河中，有的箭枝纷落，折戟沉沙，只留下弓弦的震颤；有的银矢穿云破雾，将梦想化为现实，把瞬间铸成永恒。朱老师正在开弓，他挽雕弓如满月。他的身后，是遍及全国的1000多所中小学、30多万中小学教师，他们弓箭在手……

而我，有幸追随朱永新老师，成为新教育的一员。

1999年一个平常的日子，我带着我的学生们在操场出操，远远地望见操场的边上有一帮人在观看。这是习以为常的事。对于这所稍有名气的国家级示范高中来说，参观、考察、调研、视察，据说一年要上万人次。整队离场的时候，校长叫住我。校长的旁边是局长。局长的旁边就是笑眯眯的他。他是地区主管教育的副市长。“我读了你的文章，写得很好，很有才气!”这是他的第一句话。“你们张家港要好好培养，一年后我再来看他。”这是他说的第二句话。一年后，他让参加苏州市首届名师名校长培训的张家港高级中学高万祥校长捎来话：欢迎插班参加培训。又一年后，他对张家港市教育局局长说：要推年轻人，袁卫星也可以报特级，你们把他的名字写在最后一个送上来就是了。——整个儿一个“说你行你就行”!

在朱永新老师的鼓励下，我学会了自信，并且心存一个念头：绝不做助长的禾苗。我教阅读，再不把那些优美的文章通过划分划分段落、归纳归纳中心的方式肢解得支离破碎，或者贴标签贴得面目全非，每堂课，都力图从课本外引入些活水，激起些微澜；每一篇课文，都努力引导学生们去发现它蕴含的自然美、生活美、情感美、艺术美、语言美等等。我教作文，再不让学生作文走早晨街心公园里老太太们练练身体的那一番套路，几乎每一次作文，我都亲自“下水”，刀、枪、剑、棒……十八般武艺，一一向学生们演来，文学写作成了我的业余爱好。我还引领学生在第二课堂、课外活动中做文章。为使学生课外阅读有一个明确的目的性，有一个科学的选择性，有一个良好的习惯性，我设计“课题”供学生们“研究”，写“研究报告”，如“上周××报各版综述”；如“×部文学名著中的艺术形象之比较”；如“20世纪××发展回顾与总结”，等等。可能是学生觉得课比较活吧，所以他们学得比较轻松，也比较带劲。动力源解决了，分数也就上来了。我的语文课成了优质高效的课。

在他的指引下，我投入到“新教育”的实验中去，参与起了“以教师发展为起点，以营造书香校园、师生共写随笔、聆听窗外声音、培养卓越口才、构筑理想课堂、建设数码社区等六大行动为途径，以帮助新教育共同体成员过一种幸福完整的教育生活为目的的教育实践”。在新教育实验的阵营中，我感到我的教育观念发生了根本的变化：我开始崇尚人本，憧憬人本主义教育，主张以人的个体生命为本位，根据个人发展的需要确定教育的目标并实施教育。我开始认识到教育应以生命活动为本质，以情感意志为动力，把着眼点放在“学”的研究和指导上，而不是“教”的研究和提升上，强调自主、合作和探究，鼓励大胆地发言、激烈地争论，倡导多维互动的活动，唤起学生内在的精神动力。我开始避免用严格的甚至是苛刻的课堂秩序约束和限制一个个活生生的灵性；避免在传道、授业、解惑的同时，忽视教师和学生情感的融通，消减学生感受知识魅力和价值的欲望；避免以“标准化”的教学和测量，简化学生的思维，扼杀学生的创新能力。我开始力图扮演学生的促进者、鼓励者、帮助者、辅导者、合作者和朋友的角色，力图消减作为一名教师加之于孩子——特别是大龄孩子——身上及家长身上的传统权威，变“知识权威”为“精神向导”。我开始努力从“春蚕到死丝方尽，蜡炬成灰泪始干”的群体形象中挣脱出来，成为“个人”，不再把教育看做是社会对教师角色的规范、要求，看做是出于职业责任或者职业良心的活动，而把教育活动当作人生的幸福体验；开始在教育中张扬自己的个性，实践自己的创意，享受自己的成功，追求自我的实现……理想，需要打造；行动，就有收获。那几年，我快速成长，不仅于30周岁被破格评聘为中学语文高级教师，而且很快成为苏州市学术带头人、学科带头人。



2003年，班上一名心理脆弱的学生在他的日记本上写下了遗书性质的文字，被其同学及时发现并报告，作为语文老师和班主任的我在课前30分钟决定临时取消《陈奂生上城》一文的授课，改上《善待生命》。这堂课，我用台湾一个罹患软组织恶性肿瘤，并被截去了一条腿的9岁的小女孩周大观的童诗《我还有一只脚》贯穿课堂。课堂所呈现的生命的韧性和弹性，所探讨的生命的意义和价值成功地挽救了这个学生的生命。

课后我认真地思考了这样一个问题：近几年，媒体关于中小学生自杀或者杀人的报道越来越多，也越来越触目惊心。这不，我也险些碰上一个！是什么原因要让孩子放弃自己如花的生命或者剥夺他人本不应被剥夺的生命呢？我的结论是：我们的学生正越来越多地处在生命焦虑的状态，而我作为教师，原来一直都只是在“教书”，而并不是真正在“育人”！原来我一直只做了个“教学生语文的老师”，而不是“用语文来教学生”的老师！

于是，我在语文教育教学的领域之外，开始“跳出学科看教育”，开始研究“生命教育”。

从2004年出版《生命课》系列丛书，再到目前已经完成并正在修订《生命教育课程标准》，以及即将在外研社出版的生命教育系列教材，在生命教育的路上，我走得很快乐。期间，我参与过6届中华青少年生命教育论坛并发表过演讲；我在北京、天津、上海、重庆、广东、河南、山东、山西、吉林、福建、浙江、湖北、湖南、江西、江苏、安徽、四川、贵州、云南、内蒙古等20个省市、自治区做过100多场关于生命教育的讲座或报告（其中绝大部分为公益讲座，也有一些是班主任培训、骨干教师培训）；我成为中华青少年生命教育专家委员会委员……《中国青年报》、《教师博览》、《教书育人》、《河南教育》等报刊以整版、专栏等形式，对我开展生命教育的实践进行了介绍。

我所开展的生命教育有别于生命化教育。生命教育是有关生命的教育，是以人的生命为主线，围绕生命的活动和生活的内容而组织的专门化的教育，旨在引导学生认识生命，珍爱生命，发展生命，提升学生的生存能力和生命质量，帮助学生实现生命的意义和价值。而生命化教育则是在生命的视野中，对教育本质的一种重新理解和界定："教育是直面人的生命，通过人的生命，为了人的生命质量的提高而进行的社会活动"（叶澜）。

我所开展的生命教育围绕个体生命的"成全"，涉及三个层次：1. 认识生命：了解生命的本性、生命发展的规律及影响生命成长的条件。2. 珍爱生命：树立生命可贵的意识，掌握生命保护的技能以及生命干预的技能，预防各种可能的生命伤害事件的发生。3. 发展生命：保持心理和情绪健康，促进社会性的良好发展，形成积极乐观的、热爱生命的人生态度；合理规划人生，发挥生命的超越性，激扬生命，追寻生命的不断发展和完善。"成全"生命的三个层次，认识生命是基础，珍爱生命是关键，发展生命是目的。三者在递进中紧密相连，缺一不可。



我所开展的生命教育主张课程化设计。开展生命教育的途径有很多：多学科渗透生命教育（科学、品德与生活、品德与社会、体育等学科，是生命教育的显性课程；语文、音乐、美术等学科，是生命教育的隐性课程）；开展专题生命教育（青春期教育、心理教育、安全教育、健康教育、环境教育、禁毒和预防艾滋病教育、法制教育等等）；在综合实践活动中开展生命教育（综合实践、班团队活动、节日纪念日活动、仪式活动、兴趣小组活动）；在学校日常生活与管理方面渗透生命教育（全校师生员工参与生命教育，让生命教育渗透在教育的每一个场景每一个细节中）…… 但整合这些资源，并走向单独开设生命教育课程是一种趋势，是在当前内地教育生态较为恶劣、功利教育仍很流行的情态下的最好选择。单独开设的生命教育课程，可以使学生在专人指导下，从个人生活、学校生活、社会生活等各个方面，对生命问题进行较全面的分析，更好地理解生命问题产生的根源及可以采取的对策。

教育是一种唤醒。这不是我说的。德国教育家斯普朗格说过："教育的核心是人格心灵的唤醒。教育的最终目的不是传授已有的东西，而是要把人的创造力量诱导出来，将生命感、价值感唤醒。”我非常同意这样的观点。就像里尔克在《给一个青年诗人的十封信》中说的：“请你走向内心，探索那叫你写的缘由，考察它的根是不是盘在你心的深处；你要坦白承认，万一你写不出来，是不是必得因此而死去。这是最重要的，在你夜深最寂静的时刻问问自己：我必须写吗？你要在自身内心挖掘一个深的答复。”生命教育归根结底是一种唤醒——唤醒学生、引导学生“在自身内心挖掘一个深的答复”。

教育是一种治疗。奥地利精神医学家弗兰克博士经常问遭遇巨痛的病人：“你为什么不自杀?”病人的答案通常可以为他提供治疗的线索。譬如，有的是为了子女，有的是因为某项才能尚待发挥，有的则可能只是为了保存一个珍贵难忘的回忆。利用这些纤弱的细丝，为一个伤心人编织出意义和责任，找到“充实”——这便是他的意义治疗法。反思我们的教育，不难发现，我们只关心孩子“学什么”，学语文学数学学外语学政治学历史学物理……一学就是几门、十几门；只关心孩子“怎么学”，又是抄写又是背诵又是做题又是应试……法器是一件又一件；却很少关心学生“为什么学”、“为谁学”。——一句话，孩子学习的动力源问题，远没有真正解决。动力源问题不解决，确立孩子的主体地位、发挥孩子的主体作用、激发孩子的创造性思维、强化孩子的创新意识等等，也便只能是一些空话。

回首来路，忽然间觉得，我自己也是在不断地被人“唤醒”，受人“治疗”。我接受这一切，因为，我希望走向“完满”。

亲爱的女儿，读完上面这些，你要记住的是：既已启程，你就要走向“完满”。

爱你的爸爸

# 让“悦读”成为一种习惯

## ——19岁生日书



亲爱的女儿：

你在读高中的时候，我作为高中语文教研员，曾经不止一次地在大市高中语文教研活动中提出，我们的高中语文教育应当致力于以下朴素目标的实现，那就是：让学生读得再精一点，让学生背得再多一点，让学生写得再勤一点。“让学生读得再精一点”的“精”，一方面是指阅读内容要“精”，另一方面是指阅读方法要“精”。

阅读内容要“精”。我曾经多次引用这样一段话来回答“语文是什么”的问题。我说，语文“是炫目的先秦繁星，是皎洁的汉宫秋月；是珠落玉盘的琵琶，是高山流水的琴瑟；是‘推’‘敲’不定的月下门，是但求一字的数茎须；是庄子的逍遥云游，是孔子的颠沛流离；是魏王的老骥之志，是诸葛的锦囊妙计；是君子好逑的《诗经》，是魂兮归来的《楚辞》；是执过羊鞭的《兵法》，是受过宫刑的《史记》；是李太白的杯中酒，是曹雪芹的梦中泪；是千古绝唱的诗词曲赋，是功垂青史的《四库全书》”……语文浩瀚无穷，怎样取沧海一粟给我们的学生？语文博大精深，如何穷一叶之秋予我们的孩子？我想起明代小说《玉娇梨》中才子苏友白的一番话："有才无色，算不得佳人；有色无才，算不得佳人；既有才又有色，而与我苏友白无一段脉脉相关之情，亦算不得我苏友白的佳人。"我们的语文教育，就是要给学生有才有色的"佳人"。

阅读方法要"精"。我们的学生并不是没有阅读。抛却电子阅读之类的新生事物不论，传统的书本阅读从来也没有离过他们的手。但目的不明，不求甚解，"只是眼睛在书页上跑过，只知道故事的极简略的梗概"（叶圣陶：《阅读是写作的基础》），这是当前中学生阅读的一大毛病。俗话说："外行看热闹，内行看门道。"同一件作品，往往有一些人为作品中生离死别的场面而流泪；但是另外一些人觉得这些场面只是全部情节中的片段，并没有什么了不起，反而对作品中某个人物的某句语言、某个动作、某种表情，甚至是一个细节化的眼神赞赏不已、激动不已、感叹不已。很显然，我们呼吁后一种性质的阅读：带着明确的目的，带着自己的问题，带着审美的眼光……"才""色"皆备之"佳人"，引之于学生，若不费尽心思造他们一段"脉脉相关之情"，亦算不得学生的"佳人"。

现在，你离开苏州，去了日本读大学，老师授课用的是英语，日常用的是日语，我很担心你的阅读。因此，这封生日信，我想对你说一句话：

让"悦读"成为一种习惯！

我相信你对诗歌、散文、小说等文学作品的阅读还是会继续的，但是这些而外，我还希望你读读传记和历史。

在人类发展的历史长河中，可谓群星闪耀。撷取这璀璨星河中的几颗，来照亮我们精神的时空，让我们体验不同人生，进行生命的感悟与人生思考，是一件非常有意义的事。一些优秀的传记，其人物的时代性和代表性、选材的真实性和典型性、文章的史料性与文学性，都会感染和影响我们，它们能够激励我们的一生。

爸爸在这里给你推荐三部传记。

第一部是罗曼·罗兰的旷世巨著《巨人传》。《巨人传》（又名《巨人三传》）共收入三人：德国音乐家贝多芬，意大利雕塑家、画家、诗人米开朗琪罗，俄国思想家、文学家托尔斯泰。比较这三个人物，我们不难发现，他们虽然事业不同，贡献有别，但毫无疑问，他们都是伟大的天才，都是各自领域里的决定性人物。而且，他们在求索追问的过程中，肉体和精神都经历了常人难以想象的磨难，进而创造出不朽的杰作。贝多芬的“在伤心隐忍中找栖身之地”，米开朗琪罗的“愈受苦，愈使我喜欢”，托尔斯泰的“我哭泣，我痛苦，我只是欲求真理”，无不惊心动魄，震撼人心。作者讴歌这些英雄和巨人，其目的是“创造精神世界的太阳，呼吸英雄的气息，使人们在痛苦失望的现实中获得心灵上的支撑”。



三个巨人中，尤以托尔斯泰为最。罗曼·罗兰满腔热情，精心刻画了自己的启示者、引路人——托尔斯泰。罗曼·罗兰目光敏锐地发现托尔斯泰的人民性：人民反对压迫者的怒潮日益高涨，不可能不对托尔斯泰产生影响，托尔斯泰对社会的批判态度，很大程度上来自他听到了人民的心声。他习惯生活在远离城市的地方，生活在农民中间，他对人民思维特点的掌握已经到了炉火纯青的地步……不仅仅托尔斯泰的语言和描写手法应归功于人民，甚至他的许许多多的灵感也应归功于人民。在罗曼·罗兰笔下，托尔斯泰是个勇于自我解剖的人。他不断剖析自己，不甘沉沦。他在日记中记载：“我这么懒散，没有做规定要做的事。为什么呢？……我会强迫自己去做。”“我浪费了许多光阴。”“总而言之，简单一句话，我胡闹够了。”他不断自省。1852 年 2 月 28 日，在一次“战斗”之后，他写道：“这是表现自己全部精神力量的唯一机会，可是我表现得软弱无能，对此，我自己都感到不满。”他还常常因为自己的平庸而不满。“平庸的生活使我痛苦，但是我毕竟还能藐视自己和唾弃自己的生活。在身上有一种力量使我确信我来到人世并不是要做一个和大家一样的人。我渴求的是能对人们的幸福和利益产生巨大的影响。”正是托尔斯泰的自我解剖，使得他的思想一步步向前推进，自我解剖是托尔斯泰思想成长的重要方式。在考察平民的艰难困苦时，托尔斯泰认为自己对这种困苦负有不可推卸的责任。面对社会的悲惨现实，托尔斯泰发出“谁之罪”的质询，其实是在叩问自己，认为自己就是有罪的那一个。中国传统知识分子，他们也同情下层民众，但很快又因为成为人民的代言人，或者是对人民有过悲悯情怀，获得了一种高姿态，进而站在了精神高地之上，拥有一种道德优越感。但托尔斯泰却被自己有罪的思想折磨着，显出卑微和恐惧。这种心理，不仅来源于俄罗斯宗教的罪感意识，还来源于托尔斯泰的“人生而平等”的民主思想。

第二部是林语堂的《苏东坡传》。苏东坡是林语堂最欣赏的一个历史人物，林语堂曾说：“我认为我完全知道苏东坡，因为我了解他。我了解他，是因为我喜爱他。喜爱哪个诗人，完全是由于哪一种癖好。我想李白更为崇高，而杜甫更为伟大——在他伟大的诗之清新、自然、工巧、悲天悯人的情感方面更为伟大。但是不必表示什么歉意，恕我直言，我偏爱的诗人是苏东坡。”

苏东坡一生，四十多年为官，如果简单地划分，可以概括为两个大循环：“在朝一地方官一被贬”。第一个大循环从反对新党的变法，被外放到杭州、密州、徐州、湖州，后来又由于“乌台诗案”被贬到黄州。第二个循环从元祐元年开始进京做大官，因与司马光旧党的矛盾，外放杭州、颍州、扬州、定州，再后来被贬到英州、惠州，最后到儋州。纵观苏东坡的一生，林语堂说可以用“坎坷多舛”来概括。苏东坡生活的时期为北宋中后期，国力日渐衰微，边患日趋严重，国家积贫积弱，社会危机此起彼伏，走上政坛的苏东坡就一直处在这复杂多变的党争矛盾中。他既不容于王安石的“新政派”，也不容于司马光为首的“反对派”，后来又因为“乌台诗案”被人陷害而罪贬黄州，即便到了垂暮之年仍被流放到岭南。这一切的宦海沉浮，并没有改变苏东坡。显达的荣华富贵，孤独的颠沛流离，历史的剧目不管翻多少花样，苏东坡依然故我。经历过大悲的人才能体验大喜，但大悲大喜都经历过的苏东坡已经完全宠辱不惊了，“他一生嬉游歌唱，自得其乐，悲哀和不幸降临，他总是微笑接受”。林语堂在《苏东坡传》序言里说：“苏东坡是无可救药的乐天派，是悲天悯人的道德家，是黎民百姓的好朋友，是散文作家，是新派的画家，是伟大的书法家，是酿酒的实验者，是工程师，是假道学的反对派，是瑜伽术的修炼者，是佛教徒，是士大夫，是皇帝的秘书，是饮酒成癖者，是心肠慈悲的法官，是政治上的坚持己见者，是月下的漫步者，是诗人，是生性诙谐爱开玩笑的人。”他认为与中国其他诗人相比，苏东坡这位天才诗人更具有丰富的多面性、变化感和幽默感，智能优异，心灵却像天真的小孩——正如耶稣所说，“具有蟒蛇的智慧，兼有鸽子的温柔敦厚”。这无疑是对苏东坡的最为精妙的概括。苏东坡是中国历史上当之无愧的、极令大众倾心仰慕的伟大文人，这不仅是基于他的诗歌和散文的魅力，更基于他总是能坚守自己的原则，在苦难中寻找乐趣的罕见本领，以及由此形成的人格魅力。



第三部是《仁爱一生：诺贝尔和平奖得主特里萨修女传》。特里萨修女又称特蕾莎修女，是世界著名的天主教慈善工作者，因把一生奉献给解除贫困事业，于 1979 年获得诺贝尔和平奖。1910 年，特里萨出生于阿尔巴尼亚一个富裕的家庭，儿时叫艾格尼丝·巩霞·博杰舒。1931 年，艾格尼丝发愿为修女，自取教名“特里萨”。1948 年，38 岁的特里萨作了一个决定：“我听到一个声音，要我放弃一切，跟着基督教踏进贫民窟，以便我在最穷的穷人中服侍‘他’。我知道这是‘他’的意思，我必须照办。”

特里萨修女起初在罗瑞托修道院传教。在那里，她讲授地理和历史，后来当上了校长。但特里萨认为天主对她有更大的期待，而罗瑞托修道院“只是为富人设置而已”，自己更应该去救助贫民窟的穷人。受一颗“不安良心”的驱使，特里萨离开了罗瑞托修道院。加尔各答是印度人口最多的城市。20 世纪的加尔各答是一个噩梦般的城市，是被“胀破了创口”的地狱：到处是被死亡诅咒、骨瘦如柴的人。为了实现自己“服务最苦穷人”的夙愿，特里萨来到了人间地狱——加尔各答。来到这个城市，她做的第一件事是入乡随俗：脱掉蓝色道袍，换上当地平民穿的白色棉纱丽。“既然‘主’指示我去为穷人服务，那我就该穿得和他们一样。”为了铭记自己的职责，特里萨还在棉纱丽的肩上绣了一个十字架，将三条蓝色的布条缝在纱丽的边上，提醒自己：时刻为这个城市的穷苦人民服务。从罗瑞托修道院到加尔各答，特里萨完成了一次意义重大的嬗变。传记作者详细叙述了特里萨救助一个名叫巴布的小男孩的经过，情节过程一波三折。面对饥饿的巴布，初来乍到的特里萨无能为力，只能先帮他包扎伤口。谁知，巴布突然抓过药品拄着拐杖跑进一个小窝棚。随着巴布的步伐，借助特里萨的眼睛，读者看到了这样的场景：一位妇女躺在地板上，另外两个孩子骨瘦如柴，目光呆滞。面对如此困境，特里萨只能将手中的维生素丸给了他们。妇人十分感激特里萨，并提出让特里萨救助另一位生病老妇人的要求。这种“穷也兼济天下”的博爱，撞击着特里萨的胸膛：为什么穷人会那么善良呢？对此，特里萨修女有一句名言如是说：“贫困的人是非常了不起的，他们绝不会骄傲，绝不会欺骗别人，贫困的人都拥有感谢的心、善良的心。”面对如此贫穷可怜的孩子，特里萨陷入沉思：如何才能从根本上解救这些孩子呢？俗话说：输血不如造血，授人以鱼不如授人以渔。唯有让他们掌握知识才能帮他们摆脱落后的困境。为此，特里萨萌发了开办“露天学校”的想法。第二天，特里萨以空地为教室，以地面为黑板，充分发挥自身授课的魅力，吸引着巴布等多名小孩前来听课。修女的这一举动得到了孩子们的肯定，爱的力量转变成感恩的行动，孩子们帮助特里萨修女简单地搭起了“一座帐篷”。在这座帐篷里，特里萨修女除教学生读读写写外，还教学生基本的卫生常识和技能，如教孩子刷牙、洗脸和洗澡。除此之外，特里萨修女还教会当地妇女为她们的孩子洗澡。特里萨修女开办露天学校的事被广为传播，学生一时间猛然增至500多人。“得道多助”，在得知特里萨孤身办学的事迹后，特里萨修女以前在圣母利亚中学高中教过的三名女学生，前来助她一臂之力。

四人根据学生年龄授课，实施分层教育，又扩大了办学影响。除了兴办贫民学校，特里萨修女还收养弃婴、建立“儿童之家”。尤其让人感动的是，她为垂死的人建立了临终关怀院。这在当时是“一件不可思议”的事。为什么不可思议？原因大致有二：一是在人口爆炸到让人绝望的国度里，“死亡是一件最正常不过的事情”；二是贫苦人民的生命在当时被富人们视为草芥，而修女们在做这种工作时所体现出来的精神——对任何生命的无条件的尊重，显得弥足珍贵和特立独行。面对恐怖的躯体，特里萨修女毫不畏惧。“搬进大堂”、“喂他进食”、“清洁便溺”、“清除蛆虫”……高贵的灵魂背后蕴含着对垂死者尊严的呵护与尊重。一位被救助的老妇人在临终时内心发出最真诚的感恩：“我一生活得像条狗，而我现在死得像个人。”

传记而外，要读读历史。2012 年 11 月 15 日，在中国共产党第十八届中央委员会第一次全体会议上，新选出的中共中央总书记习近平在记者见面会上说：“我们的民族是伟大的民族。在五千多年的文明发展历程中，中华民族为人类的文明进步作出了不可磨灭的贡献。近代以后，我们的民族历经磨难，中华民族到了最危险的时候。自那时以来，为了实现中华民族伟大复兴，无数仁人志士奋起抗争，但一次又一次地失败了。中国共产党成立后，团结带领人民前仆后继、顽强奋斗，把贫穷落后的旧中国变成日益走向繁荣富强的新中国，中华民族伟大复兴展现出前所未有的光明前景。我们的责任，就是要团结带领全党全国各族人民，接过历史的接力棒，继续为实现中华民族伟大复兴而努力奋斗，使中华民族更加坚强有力地自立于世界民族之林，为人类作出新的更大的贡献。”

的确是这样，在民族与国家的历史记忆中，必然既有辉煌与荣光、崛起与成功，也有劫难与耻辱、沉沦与失败，其中，正面与负面共存，美好与丑恶交织。然而，无论是非成败，无论盛衰荣辱，对一个自信的民族与成熟的国家来说，只要正视与善待，不管何种历史记忆，都是一笔无可替代的珍贵财富。

总而言之，爸爸希望你让“悦读”成为一种习惯，在灵魂深处存一笔精神财富，并以此享用一生，荫及子孙；爸爸希望你静心阅读，以充实自己的心灵；爸爸希望你在他乡也能坐拥一壁藏书，上至天文地理，下至草木虫鱼，大至立身处世，小至人情物理，情的萌动，语的呢喃，灵的呼唤，尽在其中……

爱你的爸爸

# 拥有本质、恒久的幸福

——20岁生日书



亲爱的女儿：

现在已过了午夜12点，又是一年的12月24日，又是一个平安夜，该是你的20岁生日了。20岁，对于一个女子来说，可谓“桃李年华”。不觉之间，你已经从一个黄口小儿，走过了金钗之年，走过了豆蔻年华、碧玉年华……来到了最美的季节，爸爸为你的成人感到欣喜。

既已成人，那么，应当拥有的是什么呢？依我的看法，是三颗心：一颗是童心，一颗是爱心，一颗是敬畏之心。

德国作家凯斯特纳在《开学致词》中说：“这个忠告你们要像记住古老的纪念碑上的格言那样，印入脑海，打入心坎：这就是不要忘记你们的童年！……只有长大成人并保持童心的人，才是真正的人！”那么，什么是童心呢？在爸爸看来，童心是由好奇心、想象力和幽默感构成的，大凡有成就的人，多少都保持有童心。想象力和好奇心让人获得创造力，幽默感则让人获得好人缘。

说到爱心，你应当不会忘了《仁爱一生》里的特里萨修女。她一生的伟大事迹告诉我们：在这个世界上仍有许许多多贫困、孱弱、痛苦的人，我们不能忘掉这些人，不能只顾着追求自己的幸福；不要因为必须才去帮助别人，尤其是帮助那些最贫困、最需要关怀和关心的人，帮助别人也可以成就一番事业。人只有贫富之分，没有贵贱之分。再贫穷的人，也不应当被剥夺人性的尊严。

那么，“敬畏之心”又是什么呢？让我先来给你讲两个故事。

第一个故事和你的爷爷有关。你爷爷早年是一名军人，他参加过渡江战役、解放上海战役、炮击金门战役、抗美援朝战争。转业回乡后，他娶了你的奶奶，生养了我们兄弟姐妹五个孩子。五个孩子就是五张嘴，在当年那个物资匮乏的年代，我的父亲母亲起早贪黑劳动的同时，在后院搭了一个猪圈，每年养一头小猪贴补家用。喂猪的猪食主要靠猪草拌谷糠。每天放学后，放下书包挎上篮子拿起镰刀去附近的田埂上或小河边割猪草是我们的任务。糯米草、猫咪草、猪脚草、狗尾巴草、狗脚迹、蜻蜓草、犁头尖、鲤鱼草、凤尾草、一粒雪、过路蜈蚣……对什么草猪能吃、什么草猪不能吃，什么草猪爱吃、什么草猪不爱吃，我们都了如指掌。有一次，大概是因为学校组织了春游的缘故，我们回家晚了，想起猪草还没着落，仿佛是大哥出的主意，我们兄弟仨挎上篮子飞奔到生产队集体种植的红花草田里，一个望风，两个动手，三下两下就把本该做集体肥料的肥肥嫩嫩的红花草割了个满篮，然后，又在田埂上割了些野草铺在上面，掩人耳目。回到家，正当我们要把这满满一篮肥美的猪草倒进猪圈的时候，你爷爷出现了，他的一声断喝我至今难忘：“你们做的好事！以为没人看见就行吗？天打不饶！”说完，夺过篮子，直奔生产队的肥料池而去。自此，你爷爷在我幼小的心灵上烙上了“敬畏”的烙印。从小到大，你爷爷从来也没有打骂过我，但他那声“天打不饶”的断喝，却时时在我耳畔响起，警醒我凡事不至于逾矩。

第二个故事和我的朋友有关。我的朋友不吃肉。不仅自己不吃肉，而且看到别人吃肉，尤其是吃牛肉、兔肉的时候，都会转过头去，摆出一副不忍目睹的样子，甚至会轻叹一声“作孽”。开始我们都以为他信佛，后来几经追问，才知道原委。还是在那个物资匮乏的年代，还是少年的他，早早地下地里干活，帮助大人们劳动。有一次，生产队里的一头又老又瘦的耕牛快要病死了，经生产队申请，农技站兽医检验，公社革委会批准，决定宰杀。当屠宰的场子搭起，那头被牵来的老牛突然停步不前，两只前脚往前跪下，眼泪跟着扑簌簌流下来。人们使劲地推拉着那头老牛，可是它一动也不动，只是趴在那边不停地流泪。老牛最终未能逃脱被宰杀的命运，但是它朦胧的泪眼刻在我朋友的脑海里，一生挥之不去。又有一次，在一个费镰费胳膊的麦天，黄亮亮金灿灿的麦茬地里，蹿出两只灰不溜秋的野兔。大人们丢下镰刀，开始了围追堵截，我的朋友自然也加入其中。被逼急了的兔子跳进了河里，穷途末路，可是河对岸等待它们的还是被原始食欲点燃了的庄稼汉，于是只能就擒。晚上，一帮庄稼人聚到张家去“尝鲜”喝兔汤、吃兔肉，张家媳妇叹一口气道：“作孽！杀出来，那母的肚子里还有两个小崽呢！”于是庄稼人都停了筷子，茫然不知所措。这一声“作孽”，就这样刻在了我朋友的心上，挂到了我朋友的嘴边。

“敬畏”是一种内在的勇敢：有所敬仰，有所佩服，有所害怕，有所顾忌，在这个“无耻”的世界面前举止得体……

是的，请原谅我用“无耻”这个词来定义我们当下的世界。1973年诺贝尔医学和生物学奖获得者洛伦茨教授在《文明人类的八大罪孽》一书中把人类当代社会的灾难性危险归结为八大方面：（1）人口爆炸；（2）环境污染、空间危机；（3）人类种族内部激烈竞争造成自残；（4）自然情感的麻木与丧失；（5）社会文化导致的人类自然遗传蜕变；（6）追求时尚，抛弃传统；（7）非人化的信息传播带来的单一性疾病；（8）核武器军备竞赛使人类社会面临“世界末日”的极端恐惧状态。

在这个利欲熏心、罪孽深重的“无耻”世界，也许，只有“心存敬畏”，我们才能做到"举止得体"。

西方哲学史上划时代的哲学家康德有一句名言，"有两样东西，我们愈经常愈持久地加以思索，它们就愈使心灵充满日新月异、有加无已的景仰和敬畏：在我之上的星空和居我心中的道德法则"。在这句话中，我们需要把握的一个关键词就是——"敬畏"。

"敬畏"是什么？就是"既敬重又畏惧"。这是人类对待人或事物的一种态度，它囊括了"敬"与"畏"的双重情感内涵："敬"是指恭敬、敬重、彬彬有礼，"畏"是指惧怕、畏怯、战战兢兢。

中国语境中的"敬畏"常和"道德典范"联系在一起。翻开中华五千年文明史，从"君子以恐慌修省"到"善怕者，必身有所正，言有所规，行有所止，偶有逾矩，亦不出大格"；从"有所畏者，其家必齐；无所畏者，必怠其睽"到"畏则不敢肆而德以成，无畏则从其所欲而及于祸"；从"君子有三畏：畏天命，畏大人，畏圣人之言"到"君子大心则敬天而道，小心则畏义而节"……我们不难发现，"敬畏"是中华伦理道德的精髓，是做人之基、成事之道、从政之德、治国之本。

在这里，"敬"，体现的是一种人生态度、一种价值追求，是对事物人格化的一种尊重；"畏"，是一种行为的警示界限，是一种对自身言行的自律，是一种对萌生不轨行为的自我约束。"畏"由"敬"生。在"敬"和"畏"之间，"敬"是因，"畏"是果。"畏"在这里不单纯是指一种害怕、顺从，而是指一种为了实现人生理想、信念而对自己行为的主动限制、反省，是一种道德自律，表达的是一种有所不为的精神。

一句话，敬畏是内在精神境界和价值追求的自然外化。

然而，人类自步入工业社会以来，科学技术突飞猛进，科学技术作为一种极具创造力的生产力要素，将人们的生活送上了现代化的道路。与此同时，受科学技术进步的影响，人们的精神世界也发生了一些根本性的变化。表现得比较明显的就是“唯科技至上”、“唯自我至上”的观念逐步占据人们的心灵，人们盲目地将征服自然、改造社会作为自身唯一的价值追求。在这种价值观念的引导下，人们变得狭隘和自私，工具性的思维方式横行。他们开始只关注自我，只关注自身所能控制、掌握的内容，却忽视了对情感价值的追寻，以及对自我以外的他者的倾听和关注。人们开始显得“肆无忌惮”，无法坚守内心的价值秩序。这给个体心理成长、道德情感发展造成的冲击突出地表现为敬畏意识淡薄，敬畏感缺失。

当年你爷爷那句“天打不饶”，说得文气一点，就是“举头三尺有青天”，或者“头顶三尺有神明，不畏人知畏己知”。不管怎么说都是一个意思：做人做事要有敬畏之心。我们可以不相信天地神灵，但我们必须相信道德规律。

我们要敬畏生命。生命是宇宙间最伟大的奇迹。世界上最大的罪过，就是将生命无辜地剥夺。



我们要敬畏自然。人是自然之子，在总体上只能顺应自然，不能征服和支配自然，无论创造出怎样伟大的文明，人类在自然面前永远渺小。

我们要敬畏律令规则。律令规则是人类社会发展的基本保障。没有它们，我们的社会就会被没有约束的泛滥洪水淹没一切。

我们要敬畏传统文化。世界各国、各地之间的区别除了自然环境和人种的区别之外，主要就是传统和文化的区别。我们应当敬畏我们的传统和文化，因为它们构成了我们作为中国人的特质。

我们要敬畏民意。民意就是民众的愿望、民众的需求、民众的评判、民众的心声、民众的舆论、民众的信任。民意不是官员手中揉捏的玩物，民意不是水，可以随着盛它的容器变化而相应变化，它是不可塑造、不可欺诈的。

我们要敬畏信仰。信仰就是对某种主张、主义、宗教或某人极度相信和尊敬，拿来作为自己行动的指南或榜样。这个世界上，总有一种信仰让我们充满力量，总有一种力量让我们奋进前行。

总而言之，时代需要我们心存敬畏。

亲爱的女儿，有了这三颗心，爸爸相信你一定能拥有本质的幸福、恒久的幸福。

什么是本质的幸福呢？圣·埃克苏佩里和他的《小王子》告诉我们，幸福有两个类别：一是别人眼里的幸福，一是自己心里的幸福。只有自己心里的幸福，才是本质的幸福。小王子离开 B612 号小行星来到地球前，造访过六个星球。这六个星球上，分别住着国王、爱虚荣的人、酒鬼、商人、点灯人和地理学家。在别人眼里，国王是幸福的，因为他统治着一切；爱虚荣的人是幸福的，因为他有人夸赞；酒鬼是幸福的，因为他有喝不完的酒；商人是幸福的，因为他有星星一样数不清的金钱；点灯人是幸福的，因为他在黑暗的时候给别人带去了光明；地理学家是幸福的，因为他拥有知识……而从小王子和他们各自寥寥的对话中可以发现，他们的内心其实都不幸福。而这个不幸福，恰恰是因为过于注重别人眼里的幸福，过于注重权力、金钱、美貌、才华……而忽略了自己内心真正的需求和感受。“本质的东西用眼是看不见的”，“只有用心才能看见”。——这是小王子说的，也是圣·埃克苏佩里说的。

什么是恒久的幸福呢？圣·埃克苏佩里和他的《小王子》同样还告诉我们，幸福有三个层次：一是需求满足，二是精神快乐，三是价值体现。而价值体现层面的幸福，是恒久的幸福。圣·埃克苏佩里借被小王子“驯养”的小狐狸之口，直接道出了“幸福”——“最好你能在同一时间来”，狐狸说，“比如说，下午四点钟吧，那么我在三点钟就会开始感到幸福了。时间越来越近，我就越来越幸福。到了四点钟，我会兴奋得坐立不安，幸福原来也很折磨人的！可要是你随便什么时候来，我就没法知道什么时候要准备好我的心情……”这里连用三个“幸福”，道出的是狐狸和小王子“建立感情联系”后真实的一种内心体验。小王子的到来，使狐狸得到“驯养”，“听到别的脚步声，我会往地底下钻，而你的脚步声，会像音乐一样，把我召唤到洞外”，

“金黄色的麦子，会让我想起你。我会喜爱风儿吹拂麦浪的声音”……总之，使狐狸的生活“变得充满阳光！”这强烈地唤醒了小王子的幸福感受，他的幸福在他那真正独一无二的玫瑰花那里，在“我必须对我的玫瑰花负责”的“负责”里：他为他的玫瑰花浇过水，盖过罩子，除过毛虫，他听她抱怨和自诩，有时也和她默默相对……

亲爱的女儿，我知道你迟早也会有属于你的“小王子”，那么请你记住，爱不只是“被驯养”。爱既受人自然本性的影响，也受社会属性所支配。从某种意义上来说，爱和责任是同义语。爱一个人，既要对自己负责，也要为对方负责，同时更要承担一定的社会责任。

当你的“小王子”出现，爸爸只希望你明白一点：你的“小王子”爱你，但你的老爸比他早爱你、多爱你20年！



爱你的爸爸

# 第三辑

# 祝福信

整个世界都已经为你打开

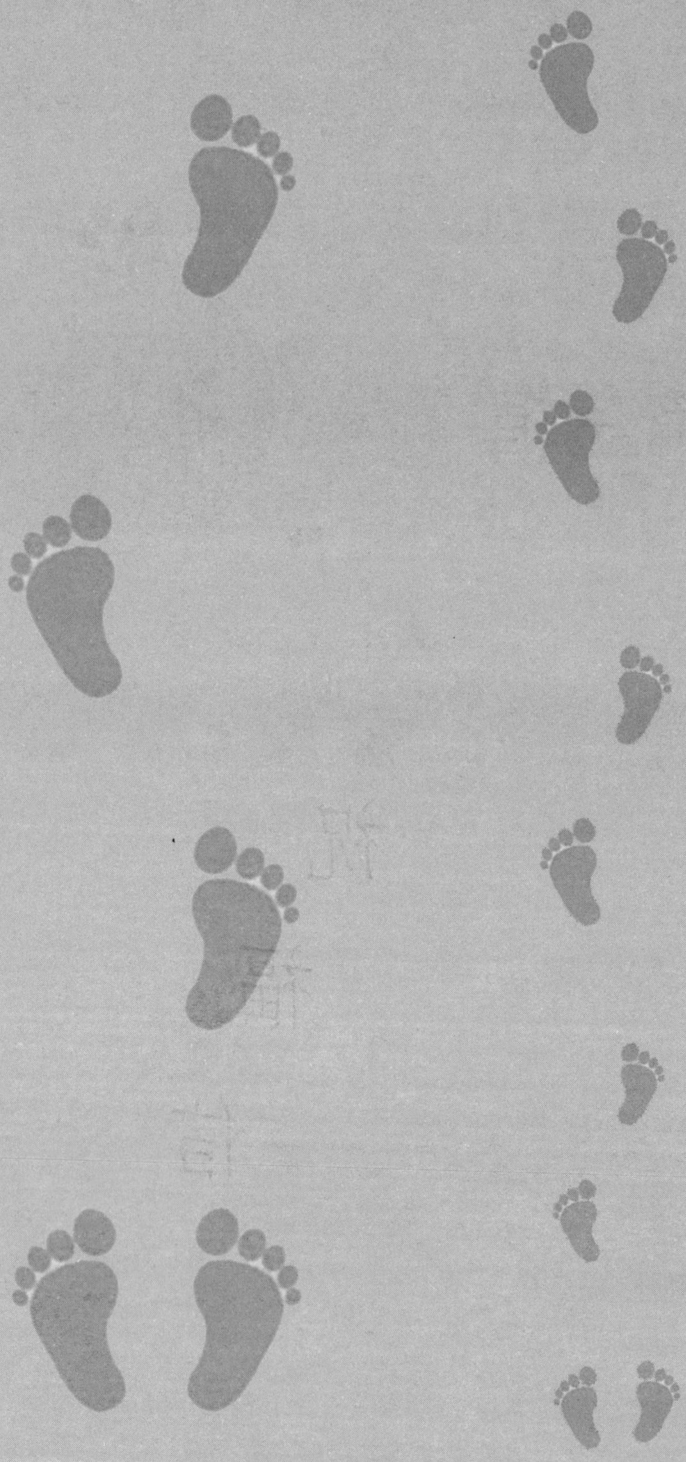

# 没有一个15岁是可以复制的

王　君



可依：

我是重庆外国语学校的王君阿姨。你父亲拜托我们谈一谈自己的15岁，希望能够给你一些启示。你有一位多么用心的父亲啊！我们都很感动很感动。王君阿姨这段时间特别忙，所以只能简单地说说我自己的15岁。我知道可依是一位美丽聪慧的女孩，所以我更重朴实地叙事，那应该更多一些议论和抒情，就由你自己来悟吧！纯粹心情日记而已，有些粗糙，没有任何雕琢。唯一珍贵的就是真实。

我使劲想，15岁的那年，我在干什么。

一切都似乎很模糊了。突然感觉惊惧——我离那花儿一般的年华真的就那么遥远了吗？

重新在心头摩挲着“少女”这个词，那美好得如初春的阳光的质地，吹弹欲破啊！

觉得心中有些微微的疼，似乎是甜蜜的忧伤。

啊，我的15岁，我的少女时代……

15岁那年，我的父母亲正式分居。他们吵了一辈子，闹了一辈子，对母亲的同情使我从小在对父亲的仇恨中长大。高一那年，我终于可以住校了，可以逃离那个地狱一般的家了。我蚂蚁搬家那样把我的行李分好多次拖到学校。住校让我感觉很温暖很安全。狭小的寝室塞进了几十个学生，很逼仄，但是我却感觉生活的世界无比宽广起来。

父母正式离婚是在我上高三时。但是高一的时候，我就几乎完全独立了。父母没有心力来管我。感谢我的朋友们，我没有变成坏孩子全靠他们。高中四年里，我相处的朋友都是正直善良的人。而我哥哥，因为交友不慎的原因，成为问题青年，直到现在也是我们家庭的难言之隐。

直到高中毕业，也没有同学看出我的家庭是单亲家庭。我小时候仇视过父亲，但15岁以后，我反而同情他爱他。父母亲爱情的失败给予了我反思爱情的能力。我并没有因此变得阴暗，相反，我更加阳光更加健康。



15岁那年，因为拆迁建房的原因，我家的家庭收入水平降低。父亲只能提供我最少最少的生活费。啃一个干馒头成了我经常的伙食。但我从不抱怨。

15岁那年，我有了这辈子最为重要的几个女友。她们会在突然间出现在我的教室，给我带来五块钱或十块钱，那往往是在我生活费就将彻底用完的时候。这十来块钱真的是雪中送炭啊！20年后，我发现，我生命中最重要的朋友还是她们几个。

15岁那年，我发疯似的欣赏和喜欢当时班上的一位男老师。我以为他就是世界上最帅最酷的男子。那种迷恋无以言表，诸多行为也可称疯狂。结果现在看来，少女时代的爱情真的很不可以信任。这个男老师，以我后来的审美看并不咋样，因为他太颓废了，不再可以做我的偶像。我很幸运当初还有更加丰富的校园生活让我很快就忘记了他。

15岁那年，我在台上演讲时，迷住一个男孩。后来他一直爱我爱到成年，一直爱到了不能再爱。不知为什么，从15岁到成人，我就是无法爱他。但我永远铭记他对我的好。直到今天，在彼此的心中，我们都是最温暖的名字。

15岁那年，在一帮农村同学的带领下，我开始练长跑。这一跑就是20年啊！从15岁开始，我扔掉了体育差生的帽子，第一次参加了校运会。而后一发不可收拾，成为体育尖子生。

15岁那年，在学业上，我是个彻头彻脑的差生。

15岁的高一高二时代，我在学习上完全浑浑噩噩不觉悟。数学很难及格。物理期末考试竟然只有18分。数理化三科，我只有化学还勉强可以见人。现在想来，并不是我笨到了只有18分的智商，而是因为我当时在学习上无法投入。我热衷于班级管理和社团工作，做班长做得惊天动地。当然，学习成绩自然也就“惊天动地”了。我以为进入文科班之后我的成绩会好起来，但其实依旧并无起色。高中三年，我就没有真正努力过——虽然外人都以为我非常发愤。但是只有我自己知道，那其实只是假象。就这样一直挣扎到高四——我成为复读生。生存危机使我在高四那年终于彻底觉醒，我第一次全身心地投入学习，成绩也很快有了质的改变。

所以现在做了教师，和班上也同样是十四五岁的女孩儿们谈话的时候，我经常意味深长地问：你是不是真的在努力？这来源于我自己的教训——15岁的小姑娘，是完全可以生活在自欺欺人之中而不自知的。

但是生活很奇特。当初我沉溺于班务管理严重影响了我的学习，但是若干年后，却让我做班主任做得如鱼得水。少女时代的热爱，使我在教育教学上有了一种天然的灵气。于是我感恩生活：它在让你失去一些的同时，也一定会赐予你一些什么。上帝关上了所有的门，但是一定会为你留下一扇窗。

对生活，我们要有足够的耐心和信任。

15岁的时候，我的成绩很差，但是我迷恋语文。

我的热爱很坚定。我记得一直到高三，在课堂上我都高高举手发言，保持着和老师辩论的热情。在高中的教室里，我这样的学生几乎就是另类和奇迹了。我喜欢写东西，虽然写得不算好，但一直保持着高涨的写作欲望。直到现在，我依旧保留着厚厚几大本高三日记和高四日记。我大胆地参加学校的各种演讲比赛和朗诵比赛，虽然名次并不佳，但那种勇敢和执着却非常地真诚。

而这些，似乎都暗示着以后我将可能成为一名有点儿独特追求的教师。写作、演讲，如果没有这些少年时代的爱好，今天，我绝对只会是一个安于平庸的教书匠。

现在想来，15岁的时候我虽然不优秀，但是我并不完全失败。我的收获在于在那样的一个年龄我就为自己奠定了非常阳光灿烂的生命底色。我性格中的坚忍顽强在15岁的时候就开始初露端倪。

我幸运地没有成为一个被应试束缚的孩子、为排名痛苦绝望的孩子。我的成绩不好，但是我活得很张扬很快乐很上进。

直到今天，我才知道，这些东西对我有多么重要。如果生命可以重来，上帝要用优异的成绩和我换这些品质，我绝不愿意换！



事实证明，我后来的发展并不比当初班上许多成绩拔尖的同学差。我甚至超过他们——他们当中的几位，有在30岁以前就用自杀的方式结束了自己生命的啊！

15岁的经历告诉我，生活就是这样的矛盾和不圆满。没有完美的生命，但是却可以有丰富精彩的人生。

可依，没有任何一个15岁是可以复制的。但是，生命的热情和智慧却是可以传承的。希望你能够从这些质朴的文字中悟到一些对你有用的东西。

可依，祝你生日快乐！祝你越来越美丽，越来越优秀！

王君阿姨

（王君，重庆市中学语文特级教师，现在北京清华大学附中任教）

# 15 岁的烦恼和快乐

农　涛



可依侄女：

你好！我是你爸爸的好友，叫农涛。七年前，你爸爸曾经带着你来到北京，我们在一家小餐馆吃饭时见过一面。那时你还很小，长得很可爱，在餐桌旁跑来跑去，你爸爸对你爱护有加，不知你现在是否还能记起来。一转眼七年过去了，前几天和你爸爸联系时得知今年的平安夜是你 15 岁生日，想来你必已长成落落大方的美少女了，所以给你写这封信，祝你 15 岁生日快乐，也祝你在今后的日子里健康、快乐。

20 年前，我也和你一样。15 岁，想来真是一个充满欢乐的年龄。不知你现在有什么想法。我十三四岁的时候是一个特别调皮捣蛋的小男孩，给我的老师和爸爸妈妈惹出很多麻烦事儿来，到 15 岁时好像一下子忽然变了，学会了和同学们友好地相处，我也第一次树立了要到北京读大学的理想。那时候，每天的学习都安排得很紧张，我对物理和数学充满了认知的渴望，每天都自己找那些有趣的物理和数学题来研究，曾经制作了一个以热传导为原理的火灾报警器，每天还喜欢研究笼子里几只脚、几个头和几只鸡、几只兔子的关系等方面的数学题，所以物理和数学成绩特别好，初中毕业考试时两门课程都得了满分。现在想来，兴趣真是最好的老师。我那时的语文成绩并不是太理想，特别是不喜欢写作文，一想到写作文就皱眉头，不知所措，所以时常羡慕那些提笔成文的同学。但20年过去了，我没有成为物理和数字领域的研究人员，反倒成了一个每天写新闻的记者，现在成了经常研究现实问题，写专题报告、法律文书的公务员。可见，人的兴趣和爱好是有可能在时间的长河里发生转变的，人在学习上的强项或者弱项也是有可能发生转移的。因此，在15岁这样一个年龄段，我们可以接触更加广泛的学科领域，包括对社会现实的各个方面进行研究实践。人们很难知道将来自己能够从事什么样的工作，但在这样一个年龄段培养的兴趣爱好及打下的学习基础会让我们终身受益。



现在想来，我15岁时的课余生活非常丰富。虽然课程安排得很紧，但我们抓住一切课余时间搞了很多活动。每天下午放学后，我几乎都会和同学们在一起打篮球、踢足球，一直玩到汗流浃背才一块儿回家。最有趣的是，每逢周末，我经常和要好的同学到郊区游玩，骑着自行车出去，满山坡地寻找野生的水果吃，沿着河谷采野生的花儿。有时还在田地里寻找被农民采收后遗漏的红薯，每当看见一棵红薯苗孤零零地长在地里，就知道地下有一个红薯在等待我们享用。这时，我们就会在田地里用土块搭建一个小红薯窑，然后把晒干的稻草放到红薯窑里用火烧，等到土块烧得通红，就将窑口堵住，从红薯窑的顶部打开缺口，将红薯放入窑内，然后将整个窑填实埋上干土，将红薯埋在窑内十几分钟后就烤熟了，之后就可吃一顿美妙的午餐了。

我15岁的时候，对一个女同学开始有了朦朦胧胧的好感，在学习上、生活上对她有了更多的关注。有时她的一个眼神、一个动作都会让我产生“心有灵犀一点通”的感觉，但这种感觉一直浅浅地埋藏在我的心里，更多的时候成为我加强学习、提高成绩的动力，而隔在男女同学心中的那层薄薄的窗户纸从未被捅破。去年我回到了阔别十年的家乡，约请了初中和高中的同学分别聚了聚，十几年不见面的老同学坐在一起，感到分外亲切。我们共同回忆了那些属于我们自己的故事，其实我已回想不起是哪一位女同学曾经给我带来最初的好感，但对那个年代我还是保留了无限美好的记忆。

因为想给你写信，所以引起了我对自己那个年代的美好回忆，不知道当年15岁的我与现在15岁的你有什么样的不同。我想，虽然我们的成长环境和经历可能不一样，但是我们都会经历15岁的烦恼和快乐。无论是当年的我还是现在的你，在15岁面前，生活的一切才刚刚开始，我们所需要做的就是一切顺其自然，认真做好眼前的每一件事情，不辜负上天对青春的恩赐，不放弃自己对理想的追求。

再次祝你生日快乐！

你的叔叔：农　涛

（农涛，国家新闻出版广电总局新闻报刊司新闻业务处处长）

# 学会选择

范　伟



亲爱的袁晓可依：

欣闻你即将迎来15周岁生日，远在天津的范伯伯不能前往祝贺，只好让这封信，捎去我的祝福，希望它能赶在15岁的朝阳照临你额角之前，悄悄抵达你的书桌，像一切未知的人生一样，等着你的开启！

祝贺生日，当然要有礼物，更何况我还是一个长辈。不过，这次我的礼物有点特别，它不是好玩玩具、漂亮衣服、可口食物，而是一句话：

学会选择！

回想自己的人生路，我觉得没有比这个更重要的了。而且，在15岁的时候学会选择更重要！

在15岁之前，我们听得最多的一句话是“要听话”。这“话”其实就是父母、老师或其他长辈替我们选择好了的事情，“听”就是把他们的选择变成自己的选择。这时候，他们替我们选择，是责任，是义务，是爱心、关心乃至好心的体现。因为，在他们眼里，我们还没有长大，还不懂事。而我们，无论愿意与否，“听话”总是好的，长辈们将此视为“懂事”甚至美德，同伴们也不会笑话。如果愿意尝试“不听话”，一定要按照自己的意愿去做事，即便做错了，也没有什么，不过被看做“顽皮”的表现，因为，毕竟我们还小。但是，15岁以后就变了，15岁以后我们要到离家更远的地方读书——读高中、读大学，我们不得不学会自己选择；15岁以后我们的世界大了——所学科目越来越多，社会接触面越来越大，对人生、人性的认识越来越深入，个人的内心世界越来越复杂，如果不学会选择，我们就只能被动地被各种因素所牵制，空耗了个人的精力、生命的时光、人生的机遇，人生变得一片茫然；15岁以后我们将面临越来越多的关系自己一生的大事——选文科理科，选未来终生要从事的专业或事业，还有选朋友，这些选择，一旦选定，就很难有改变的余地，而只有自己最了解自己，所以我们必须靠自己选择……总之，15岁就开始学习选择、学会选择对以后的人生意义重大，因为，这是自我成长的操练，是人格独立的仪式，是傲然立世的根基！

学会选择，首先要学会鉴别——鉴别是非、鉴别优劣、鉴别当务之急和长远之策。15岁已经有了相当的理智，这是能够鉴别的基础，而不断地鉴别又是培养理性精神的最好途径。15岁以后是感情发展的高峰期，也是感情蒙蔽眼睛的高危期，在鉴别里培养理智，在理智的选择里规划人生，是规避感情用事的最好途径。

学会选择必须认识到一个问题，就是：自己选择，自己就要承担选择之后所可能出现的后果。这是个人责任伦理的核心。这是个性主义价值观的天然属性。在选择前就意识到这个问题，会使我们的选择更慎重；在选择后接受选择带来的结果，也是个人担当精神的冶炼场。能选择，能担当，一个成熟的人格才会诞生。

15岁开始学习选择，15岁以后学会选择自己的事，才能在将来为身边的朋友选择，为自己的下一代选择，为年迈的父母选择，为自己服务的单位选择，为个人从事的事业的发展方向选择，为自己置身的民族选择，为时代选择，为人类选择……我们今天所享有的一切，也正是前人选择的结果——当然有好有坏，而规避坏的选择，争取好的选择，也正是你们下一代努力的方向！

最后，祝你生日愉快！

范　伟

（范伟，天津师范大学教授，文学博士）

# 寻找幸福

管建刚



可依：

我是你爸爸的朋友，叫管建刚。

我很乐意接受你爸爸给我的任务，给他的女儿袁晓可依写一封信。

信里谈什么，我想并不重要，重要的是，我由此感受到你爸爸对你的生命成长的关注。信里谈什么，我想超越不了你爸爸给你的信，超越不了你爸爸的《一个父亲的谆谆教诲》。而我仍愿意写这封信，因为，你收到我的信后，你就会知道，你爸爸以这样一个方式来庆典你的15周岁，是多么浪漫，多么富有诗意啊！

我的女儿，今年12岁，读初一，她叫管童。她常和妈妈怄气，常觉得妈妈唠叨，常不给妈妈好脸色看。我为此很伤脑筋。因此，我想对你说第一句话，那就是：无论什么时候，都不要和妈妈怄气，现在或者将来。

美国作家克里藤登写过一篇文章，题目是《母亲的价格》，在文章中，她提倡要把母亲为孩子所做的各项工作量化，给她们应有的肯定。她指出，母亲的工作是一项“技术性的中级管理”工作，若母亲的工作可获得薪水的话，合理的年薪，约为6万美元。

著名的“埃德尔曼财经服务组织”经过缜密的计算和评估，得出这样的结论：如果将母亲所做的各项工作，改为出钱请人代劳，那么，子女一年所付的工钱高达63.5万美元。

母亲，一生为孩子默默地做着不求回报的，却又是全力以赴的工作，她没有退休年龄，也无法停止她的牵挂。她需要的报酬其实很小，很少，只要孩子的一个表示爱的微笑、一个表示爱的拥抱。

可依，遇到妈妈，好好地、灿烂地向妈妈微笑，给多日不见的妈妈一个拥抱。

可依，告诉你，我女儿上次考了全校第二，而这次，只考了全校30来名，她心情很郁闷。由此想来，你或许也有类似的经历，那我就要对你说第二句话：要相信“失败的力量”。



美国人查尔斯·曼兹写过一本书，书名就叫“失败的力量”，这本书很薄，却是我很喜欢的书。我由此知道，失败会带给人多么大的教益：它能给人以战胜挫折的锤炼，它能暴露你目前最薄弱的环节，它能指引你找到努力的方向。

一个人一辈子都会不断地接受各种失败。

一个不能接受失败的人，是不能适应我们的生活的。

一个能忍受一次又一次失败的人，必定是一个令人钦佩的人。

爱迪生，他实验电灯泡，居然能够在失败了2000多次的情况下，继续实验，于是为黑暗带来了光明。

著名国际武打影星史泰龙，他向好莱坞一次又一次地推荐自己，一次又一次遭到拒绝，直到1885次之后，才被接受，于是有了震惊影坛的《洛基》的诞生！

中学学习，不光拼所学的知识是否扎实，也拼身体是否健康，因为身体不健康，自然影响实力的发挥，更重要的是中学学习还拼“心理承受力”。

我听一位中学老师讲，一个学生的心理承受力的好或坏，对高考的影响很大，分数相差高达20分。这一点，你爸爸或许已和你谈过。

我对女儿说，我们不担心你的学习，你的学习习惯和学习态度那么好，我们对你的学习成绩绝对满意。可依你也一样。你的学习成绩同样不需要家长操心。你们现在所要做的就是要锤炼自己的“心理承受能力”，而每次的失败，都是锤炼自己的心理承受能力的好机会。

最后我想和可依讨论的是关于幸福的话题。

这个世界上有幸福吗？答案显然是肯定的：有。

这个世界上真的有幸福吗？如果有，哪个商店有售呢？没有啊，没有哪个商店出售的货品叫作幸福。幸福无处可买。

幸福在哪里呢？

你一定读过辛弃疾的《清平乐·村居》：“茅檐低小，溪上青青草。醉里吴音相媚好，白发谁家翁媪？　　大儿锄豆溪东，中儿正织鸡笼。最喜小儿无赖，溪头卧剥莲蓬。”

多么幸福的一家啊。

他们有钱吗？“茅檐低小”，房子很破，很矮；“大儿锄豆溪东，中儿正织鸡笼”，地里的活都得自己动手。幸福与钱无关。

他们有文化吗？想来，他们也没读过什么书。幸福与文化无关。

这个世界的公平正在于，幸福可以是很便宜的，也可以是很昂贵的。

幸福对于任何人来说都是公平的。

谁都可以获得幸福，谁都有可能一辈子没有幸福。

幸福与钱无关，幸福与文化无关，幸福与年龄无关。

不会寻找幸福的人，一辈子都找不到幸福。

会寻找幸福的人，哪怕生活很苦、很艰难，却照样享受着幸福的阳光。

你爸爸的朋友：管建刚

（管建刚，江苏省小学语文特级教师）

# 坚守与妥协

袁湛江



袁晓可依：

你好！不知你还记不记得，那一年你和爸爸妈妈一起去普陀山，路过宁波作客向阳渔港，坐在你爸爸旁边的那个黑黑大大的本家伯伯，那就是我。

在此之前，我曾经听到过你的许多故事，读到过你爸爸写给你的“谆谆教诲”，也看过你的“每一天都被阳光照到”的文字，所以，对你和你的家庭并不陌生。我知道，你不仅有一个阳光浸润的童年，而且，有一个文化氛围非常浓厚的温馨的家庭。

如今你已经进入了高中，伯伯看到你一天一天健康长大，就像看到我自己的孩子健康长大一样感到欣慰。我想，有你爸爸妈妈给你打下的好基础，加上你自强不息的精神和善解人意的智慧，不管环境发生怎样的变化，你一定能从容应对。

今天伯伯跟你谈一个话题——“坚守与妥协”，希望能对你人生前行之路有所帮助。

15岁，是如诗如梦的年龄，在今天高考的背景下，大多数同龄人会变得很现实，困难和困惑常常会干扰着你们的意志。我知道，再有几天，就是你的15岁生日了；我还知道，这一天爸爸妈妈一定会带你去进行健康检查的。我希望，这一天，你也要对自己的精神世界作一次梳理和反省，这样，你明天的脚步会变得更加轻盈。

我在你这个年龄的时候，只懂得“坚守”，不懂得“妥协”，因此我捍卫了很多有价值的东西，比如说善良、诚实、勤奋、执着，但是我同时也错失了许多有价值的东西，比如说资源、机会、智慧等等，这些东西是我长大以后才在实践中慢慢感悟到的。

今天，对15岁的你们来说，“创业”比较容易，“坚守”并不容易。你们面临的世界诱惑太多，而你们的年龄又恰恰是抵抗力比较弱的阶段，所以，能够沿着自己的人生目标坚定地走下去，边走边看而不受干扰就显得非常难得。人生的目标可以调整，这叫与时俱进，但是方向不能搞错，灵魂的底色一定要干干净净、清清楚楚。

“妥协”在人们的传统思想中含有更多的贬义色彩，但是今天在我看来，是每一个人现实生活中不可或缺的元素，人不学会妥协，你不仅无法面对世界，而且也难以面对自己。在生活中，我们常常发现周围有这样一些人，他们整天表情严肃，郁郁寡欢，愚昧固执，很难与人交流，一条道走到黑，不撞南墙不回头，工作学习效率很低。为什么会出现这种情况呢？他们不习惯于换位思考，总是觉得自己对，所以没办法接受别人的智慧，也就注定不会有太大的发展空间。

“妥协”不等于没主见，也不是让你无原则地退让，而是要根据实际情况，借助别人的智慧，对自己的行为或决断作出科学的调整，以便更有利于目标的达成和可持续性的发展。

现实生活中，天才是少数，绝大多数人是要靠后天学习不断调整和进步的，所以学会必要的妥协，甚至有时是让步，给别人应有的尊重、给自己更多的空间，你的境界会变得更为开阔，你的精神会获得更多的快乐。

我今天没有讲故事，我想你已经到了不只是喜欢听故事的年龄。写了上面的话，算作是给你的生日祝福。

但是我喜欢听你讲故事，如果有机会。

平安夜，生日快乐！

本家伯伯：袁湛江

（袁湛江，浙江省中学语文特级教师，宁波万里国际学校中学校长）

# 追求完美，接受缺憾

邓 彤



可依：

你好！

首先祝你生日快乐！

我是你父亲的好友邓彤。你父亲在你15岁生日即将来临之际请我给你写一封信。说实在的，接到这一要求，我首先是惭愧——因为我还从来没有为自己的孩子写过这样的信；其次是佩服——你的父亲袁卫星先生确实是一位称职的父亲；再次是感动——一位深爱着自己孩子的父亲原来可以有这么多表达爱的方式！

但我又觉无法下笔，因为，当我读到你父亲曾经给你写的那著名的七封信，尤其是在你10岁生日时写的那封信时，我以为，他已经几乎把一位父辈可以给予下一代的祝贺与关爱写尽了。我在给你的15岁生日贺辞中还能说什么呢？

思之再三，我只有将自己对人生的一些体会告诉你，希望能够对你有所帮助。

我觉得人生最重要的首先是要学会爱——爱自己、爱父母、爱他人。而爱自己则是人生之爱的基石。我看到许多青年人在这方面做得很不理想，我常为之痛心不已。爱自己不是自私，而是用适当的方式善待自己：也许自己并不美丽，自己也不聪明，甚至不那么招人喜欢，但我们自己一定要悦纳自我；也许，自己确实很优秀很出色，那就一定注意千万不要放纵自己。一句话，对自己负责就是对自己最大的爱。

人生是一段历程，因此，人生的阶段特征便非常明显。一阶段有一阶段可做之事与必做之事。不超前不滞后不空缺的人生未必就保守古板。春种夏耘秋收冬藏，人生似乎也应该有这样一个序列。卢梭曾说：早熟的果实多半是酸的。这说的就是逾越人生序列的巨大代价。



人生从来不会圆满，因此，追求完美，接受缺憾就是我的人生信条。没有对完美的追求，人生便显得平庸；没有接受缺憾的胸怀，人生则会逼仄。

我祝贺你充满青春气息的15岁生日的来临，因此我选择了象征着青春与活力的绿色信笺为你写信；我希望这封信能够在你生日的那一天到达你手中，因此，特意计算好邮寄日程于今日给你寄出。

再祝生日快乐！

你的大朋友：邓　彤

（邓彤，安徽省中学语文特级教师，语文课程论博士）

# 做人，做事，做学问

沈　坚




袁晓可依：

你好！我是沈坚，你的母校校长。今天，我以朋友的身份给你写信，很想跟你聊聊人生成长的问题。

想起给你写信，缘起是与你父亲的一次谈话。11 月 21 日，我去张家港暨阳湖学校和你正在就读的梁丰高级中学参加苏州市第七次名校长、名教师例会，与你父亲同行。一路谈到你的发展，你父亲对你的厚爱与期待溢于言表，同样作为父亲的我心有感慨。得知 12 月 24 日是你的生日，很想在这个特别的日子里送你一点儿什么，于是提起笔来写了此信，权作礼物吧！

知道你，是在你来星海以前。当时你父亲还在宝应，我去参观学习，见到你父亲，他第一次提起了你，提起了对你的教育。那时，我深深地感受到，你的成长是他的骄傲。后来，在你父亲的作品中读到了他写给你的信，我联想到了丰子恺，联想到了傅雷，想到他们跟孩子们的交流感人至深，他们不仅与孩子们谈艺术学习，还谈生活、谈做人、谈修养。你父亲正是用这样的方式在记录你的成长、记录身为人父的感情、记录父亲对女儿的期待。相信那种亲切、自然，已经化作你作为女儿的健康、快乐和优秀的品质。后来，你来到了星海，尽管与你接触不多，但你的乐观、淡定、坚毅和上进，还是给我留下了深刻的印象。

如今，你已经是置身名校的高中学生了，未来与你仅有一步之遥，人生的艰辛与灿烂已经更为直接地呈现在了你的面前。21 日下午，我一个人去看了你校下午的长跑，虽然没有在整齐的方阵中找到你的身影，但是，同学们昂扬的精神感动了我，也让我似乎看到了你的状态。可依，你的形象已经与这所名校紧紧地联系在了一起。我想，名校之所以成为名校，是因为她能培养名人，照此推算，你必然是父母的骄傲、星海的骄傲了。

当然，学习与成长是个复杂的过程。置身名校，只能说明你已经拥有了比别人更多的取得成功的可能，在上面所说的“必然”的背后，应该书写你不断超越自我的杰出表现。



这里，我不想多说学习的重要或方法，这些都是你懂得并正在实践的东西。我倒很想跟你聊聊其他方面的一些问题。最近，我去了一趟南京，聆听了南京大学中文系著名的国学大师鲁国尧教授的报告。让我感到十分吃惊的是，面对全省那么多著名中学的校长，鲁教授竟然没有太多地高谈他那高深的古诗文吟咏理论，他用心用力谈及的，居然是关于人的基本表现的基础功问题。他感慨于现在的大学生少有表现出良好礼仪的，感慨于现在的年轻人古文化功底的浅薄，感慨于学生口头表达能力的不足，感慨于许多基本的做人问题。面对这位 70 多岁高龄的老先生，我不得不承认，很多现代人在孜孜不倦地完成他们的所谓追求的时候，也在放弃一些十分重要的东西。是的，礼仪产生尊重、尊重构造和谐，我们应该关照自己的言行，用点点滴滴的真实的行动而不是口号去诠释礼仪之邦的内涵。精神与文化是立国之本，我们应该做一个有文化底蕴的人，“有知识、没文化”的现象的确会严重影响民族肌体的健康。学会做人、学会共处，无论对于个人还是集体都是极有意义的，它关系着事业的成败和世界的发展……我知道，老先生对年轻一代很不满、对我们的教育心有厚望啊！聆听着鲁教授的话语，我起先觉得他太离题，觉得这位教授也犯了老人总爱看不惯的毛病。但是细细听来，我感到了震撼，感到了作为教育者的责任。今天，趁这个机会，想和你一起去感悟老先生的心声，也真诚地希望你打好做人、做事、做学问的基本功，我想，那也是深爱着你的父母所期待的。

可依，很希望成为你的人生益友，也很希望你的成长能够给我的孩子提供经验与帮助。

有人说，生日应该庆祝；也有人说，生日应该反思。张学良将生日称作“母难日”，生日那天闭门反省自己对于母亲的回报。我想，祝贺与反思都是必要的，祝贺的是又长大了一岁，反思的是自己真的长大了吗？

啰里啰嗦，由于职业关系，可能还是脱不了教育人的口吻。真实的想法，与你共勉！

可依，祝你生日快乐！

沈　坚

（沈坚，苏州工业园区教育局局长，曾任星海实验中学校长）

# 生命是没有尽头的

黄明雨



可依姑娘：

你好！生日快乐！我们在苏州见过，在你家附近的餐厅一起吃过牛排。

我和你爸爸一样有一个女儿，只不过她长到你这么大，还要过九年。我女儿小名叫豆豆，是我的小尾巴，不过她妈妈在家的时候，她还是更愿意缠着妈妈。因为我是比较乏味的人，不太会玩，也不会讲故事，所以豆豆有时候也说我笨，这一点，我非常需要向你爸爸学习！

由于我并不清楚你现在的状况，有什么爱好、喜欢什么或有什么烦恼，所以不能针对你的具体情况来谈。每个生命个体都有自己的成长轨迹，各有各的精彩，但又有完全共同的东西，那就是生生之道。中国这块土壤生长出来的文化，有一个老祖宗，就是《易经》。无论道家、儒家，或者诸子百家，都是从这个根上长出来的。今天大多数的中国人对《易经》了解得很少，不少人认为那些八卦之类的东西只是算命的工具，这实在是个大误会。《易经》可了不起！很惭愧，我现在36岁了，才开始学习这部原典。你可别像我一样，可以早点接触，或者先存个想念，待有一定人生阅历之后，再来研读。实际上，自学这样的经典是非常困难的，最好要有老师教，所以中国文化很讲究师承和法脉，需要有明师指点，有时候自己瞎琢磨，容易钻进死胡同。中国文化为什么会有这个特点呢？因为中国人是要读圣贤书的，讲究“大学之道”。所谓“大学”，与现在泛滥的“大学”的意思完全不一样，它指的是一个人如何从“小人”成长为“大人”的学问。“小人”不是指小孩，也不是指坏人，而是指饱食终日、无所用心的人，就是像我这样庸庸碌碌、经常自寻烦恼的人；而“大人”就是指能感知天地之造化、生命之运行的人，道家称之为“真人”，儒家称之为“圣人”，中国历史上有许多这样的人，不仅老子、孔子，只是正史和我们的教科书里很少提到这些人，也可以用禅宗的话来说，这些“大人”就是指接近于明心见性的人，真正活明白了的人。

说到禅宗，就不得不提佛家，佛家思想不是中国本土生长出来的，它来自印度，但在中国扎下了根，与儒家、道家汇流共同成为中国传统文化不可分离的一部分。佛家思想与儒家、道家思想的关系不是油和水的关系，而是相互渗透、相互补充的关系，如果没有佛法的引进，中国人终究还是在“生生之道”里打转，得不到解脱；但若没有儒家、道家文化的滋养，中国人就活得太单调太乏味。所以我们生在这块土地上是很幸运的，选择很多，可以活得生机盎然，也可以摆一摆衣袖，轻松自在地彻底离开。

你现在还年轻，正是开始品尝人生滋味的时候，不像开蒙之前，虽然也有饼干和牛奶吃，但不是你自己去拿取的。人生这块饼干会越嚼越有味道，此生有涯，但生命是没有尽头的。若干年之后，可能你会明白这层意思的。

不再多唠叨了，祝你幸福！祝你们全家幸福美满！

明　雨

（黄明雨，北京立品图书有限公司董事长，北京华德福学校创始人）

# 幸福之神就在我们身边

张纪欣



可依：

你好！我是你爸爸的好朋友，他说24日是你的生日，让我给你写点什么。我自忖没有这个资格，不过恭敬不如从命，承蒙卫星老弟看得起，我也就诚惶诚恐拿起笔。可说什么呢？嗯，有了，我儿子比你大一岁，就把我们爷俩交流过的话题端过来吧。

有一次，说到幸福，我说：跟我们小时候比，你们现在多幸福啊。可儿子的反应令我很吃惊：我们怎么一点也感觉不到呢？于是，我写下了下面的文字。

对失眠的人来说，沾枕头就着就是幸福，要是能一觉睡到天亮，那简直就幸福死了。对糖尿病病人来说，想吃什么就吃什么，想吃多少就吃多少，这就是幸福；看着别人大快朵颐，糖尿病病人会觉得自己实在是太不幸了，谬也，你要是看看痛风病人的食谱上那少得可怜的几样食品，就会觉得自己已经很幸福了。

你看，其实幸福就是这么简单。关于幸福，古往今来的圣者贤人有着诸多的精言妙论，经历有限而又天资愚笨的我是这么看的，就一定意义而言，满足就是幸福。

可能有人会说，我的说法太矫情，站着说话不腰疼，那好，让我们听听不幸的人是怎么看待幸与不幸的。史铁生，著名作家，在我们常人眼里，他实在是太不幸了：年纪轻轻正是生龙活虎、对生活充满憧憬的时候，他却瘫痪了，从此只能以轮椅为伴，这就已经很不幸了。可这不过是他不幸人生体验的开始，接下来，肾病、褥疮、尿毒症，直至以透析维持生命的延续。一步步接踵而至的不幸不仅没有将他摧垮，反而助他参破人生的要义：“生病也是生活体验之一种，甚或算得上一项别开生面的游历。生病的经验是一步步懂得满足。发烧了，才知道不发烧的日子多么清爽。咳嗽了，才体会不咳嗽的嗓子多么安详。刚坐上轮椅时，我老想，不能直立行走岂非把人的特点丢了？便觉天昏地暗。等到又生出褥疮，一连数日只能歪七扭八地躺着，才看见端坐的日子其实多么晴朗。后来又患‘尿毒症’，经常昏昏然不能思想，就更加怀念起往日时光，终于醒悟：其实每时每刻我们都是幸运的，因为任何灾难的前面都可能再加一个‘更’字。”说得多好啊！和他相比，我们岂不是被浸在幸福的蜜罐中！我们还有什么可抱怨的呢？

如此说来，其实幸福之神就在我们身边，只是由于我们的感知系统出了这样或那样的问题，而没有意识到他的存在而已。

聪明的你，觉得自己幸福吗？

初三即将毕业，同学们就要各奔东西了，大家都很伤感，一向很感性的儿子尤甚。我既为同学们的真挚友情感动，同时也希望儿子能正确对待离别问题，所以有了下面这段文字。

《雪人》（*Snowman*），英国漫画作家雷蒙德·布里格斯的作品，1978年出版，总共只有30页，讲了一个简单得不能再简单的故事。

一个冬天的早上，下过大雪，小男孩堆了一个大雪人。午夜12点，雪人活了，小男孩非常激动，带他参观自己的家，两人还偷偷开走爸爸的车。逛了一圈回来还不过瘾，直到雪人带小男孩起飞，掠过萨克斯郡的宁静夜色笼罩的茫茫雪原，直到海滨城市布赖顿，然后返回，赶在黎明破晓之前回家。两人在院子里告别，小男孩回去睡觉，一觉醒来迫不及待奔出大门，却只看见融化的雪堆，上面留着雪人的草帽。

整部漫画书没有一句对白，动画片也只是在片头配合一个成年人走过雪地的背影加了一句旁白，大意是说：我记得那年冬天下了很大的雪，一个神奇的日子，就在那天，我堆了一个雪人……



无言的结局。

雪人代表走过我们生命的一些不同寻常的人，我们意外相逢，爱上他们。无奈，他们总有离我们而去的一天，去到另一个地方，去到另一个世界——我们也没有办法啊——雪人就是雪人，总会融化的啊。我们能做的就是抓紧现在。——雷蒙德·布里格斯这样评说。

雪人是冷的，却给人温暖；雪人是美的，却那么短暂。在人生的路途中，我们不断邂逅，不断别离，我们离开一些人，也被另一些人离开。所谓人生，所谓命运，无非如此。

儿子从小学习就很自觉，成绩基本上名列前茅，还获得过诸多荣誉称号：小学时学校曾给他“出版”过一本个人作文选，他的大照片曾被挂在楼道的墙上，并被冠以“作文大王”的称号；六年级获得天津市信息学奥赛一等奖；当选《今晚报》小记者，并且在《今晚报》多次发表作品。初中参加“全国中小学信息技术创新与实践活动”大赛并获一等奖；参加天津市IT之星计算机大赛获一等奖，并捧回家一台计算机；获得威盛中国芯计算机大赛总决赛一等奖——让我们的虚荣心获得极大的满足。但是上高中以来，他已经将勤奋演绎到拼命的程度，让我们对他的健康大为担忧，于是我不得不对他发出警示。

股票投资的原则之一是设止损点，如果跌到止损点就要割肉逃跑。这样做的目的是为了保住本金，只要本儿在，就有赚钱的机会，本儿要是没了，那就只有看人家赚钱了。这个原则在现实生活中具有普适性，身体（或曰健康）就是我们的本儿，而且是根本，用那个著名的说法就是，身体（健康）是开头的那个“1”，其余像事业、爱情、价值……都是它后面的“0”，打头的这个“1”要是没了，一切化为乌有。

我们反反复复、苦口婆心地跟孩子讲：不要追求所谓的完美，要学会取舍，要量力而行，要懂得孰轻孰重，但收效甚微，这只能说明你的固执、一意孤行，那就只好看着你碰壁了。其实，你最近不是已经碰壁了吗？也罢，人总要学会自己长大，挫折是难免的，学费是必须要交的。只是，那些成功人士和芸芸众生的不同之处在于，他们能从挫折和失败中吸取教训，校正方向，从而达到目的，而凡夫俗子们则一而再再而三地撞南墙，直撞得头破血流。

儿子还有个优点，乐于助人——这原本是我们从小就教导他的，但有一天我们却不得不和他谈到学会拒绝、学会协调的话题：同学的、老师的、朋友的，谁的忙都帮，该帮不该帮的都帮——而自己的事情又非常多，于是只有挤占睡眠时间，一度平均每天睡眠时间不到5个小时。

帮助别人和学会拒绝有时候是矛盾的，但并不等于这二者一定是矛盾的，关键在于如何协调，协调是人生的一种艺术，而且是一门很关键的艺术。所有人，都要学会协调。如果掌握了协调的能力，我们就会得心应手，充分体会生活的乐趣，反之则只能陷入生活的泥沼：疲于奔命、怨天尤人、迷失自我。

我很欣赏万科老总王石——在很多企业的老总焦头烂额、难以自拔的时候，他却能抽出时间去挑战自我、征服雪山，去参与慈善、奉献爱心。

可能有人认为王石是玩物丧志，是哗众取宠，那只能说明他们太短视。王石的行为不但使自己的人生获得了常人难以企及的丰富和充实，而且在相当程度上提高了万科的知名度和美誉度，这是花大钱做广告所无法获得的。王石的所作所为，可以说是个人、企业、社会的多赢结果——这才是现代社会的榜样啊。



俄罗斯总统普京给政治下的定义是：在必须和可能之间寻求平衡的艺术。

我以为，这个定义不仅仅适用于政治，它简直就是人生的真谛！

现实生活中我们都面临着无穷的必须和可能，而如何协调（即寻求平衡），就是我们应该追求的目标和努力的方向。

拉拉杂杂说了这么多，就此搁笔。呵呵。欢迎有时间来天津玩。

祝健康、快乐、进步！

张纪欣

（张纪欣，天津出版传媒集团出版部副部长）

# 书籍，给了她无穷的智慧与力量

彭尚炯

袁晓可依同学：

你好！我是常熟中学的语文教师，也是你爸爸交往多年的朋友，我和你也算是还没说上话的朋友。前不久翻看梁丰中学的校报，无意中看到学生习作《家庭课》，被文章的内容吸引住了，回过头来一看署名“袁晓可依”，我几乎断定这是袁卫星的女儿。11 月 21 日来梁丰中学参加一个会议，观看学生跑操，卫星手指着迎面跑过来的方阵的头排：“那个带着红袖套的就是我女儿。”那时，欣慰和自豪尽写在他的脸上。他跟我说了不少你、你们父女俩、你们三口之家的乐事儿，我被深深打动，不时地想起《傅雷家书》和汪曾祺的《多年父子成兄弟》。忍不住在你 15 周岁生日来临之际，送上我的祝福，你不会见怪吧？

从你的文章中可以看出，你是一名勤于观察、善于思考的好学生。今年高考，我的学生杨清嘉取得了江苏省文科第一名的优异成绩。回顾杨清嘉同学的学习与生活，她的特点与你何等相似。在这里，我就跟你聊聊她吧，或许你会感兴趣。

在杨清嘉408的特征分中，语文是141分！作为她的语文老师，我们明白，这看似偶然的背后，实在有着太多的必然！

她是一个安静恬淡的女生。她以高分考入我校高中预备班，直到毕业的四年中都是一如既往毫无悬念的优异。虽然高二高票当选为学生会主席，还代表学校参加省学代会，虽然在写作、演讲、歌唱、书法上都取得了很好成绩，虽然老师不时流露出对她的欣赏赞叹，她却一直都是淡淡的，认真地做好自己的事，从未见过她喜形于色或锋芒毕露。常常穿白色衣裙的她端坐于课堂，或凝眸静思或奋笔疾书。

我们也曾有过疑惑，她怎么会有这么好的定力？后来在她一篇名为《生命的姿态》的文章中，找到了一点答案："当我看到那些站在世俗红尘之外，悠然生活着的先人时，我沉默了。我想起他们教会我的那些，何谓生命，何谓价值。我将找到那世俗之外，属于我的超然姿态。"淡然游离，所以冷静；专注做事，所以辉煌。这是多么奇妙的相辅相成！



书籍，给了她无穷的智慧与力量。学有余力的她在老师的指点下，古今中外，文史哲艺，都有涉猎，而给她影响最大的是中国文学。高山流水，囊萤映雪，尾生抱柱，屈原的奋身一跃，苏东坡的拄杖独行，张爱玲的决绝转身，无不强烈地扣动她的心弦。更让她沉醉其中的，是《红楼梦》。从小学三年级乍见到现在，究竟读过多少遍，她自己也说不清了。每一个人物，每一次事件，每一处场景，都深深地烙在了她的心里。也有会心一笑，也有扼腕叹息，也有黯然泣下。郁于心，发于外，一篇篇优美的文章源源不断地从她的笔端流淌出来，或校内交流，或见诸报端，一部《红楼梦》给了她无尽的文学滋养。

十几岁的女孩子，总是细腻敏感，她有着不同于众的感受力、理解力，也就有了更多的思绪与体悟。她把这些也都编织进自己的文字，于是我们看到了她感恩的心："也许有一天，我会像你一样成熟，像你一样坚强，不再需要你为我安排生活，不再需要你的安慰与鼓励，不再需要你温暖的守护。那时的你是否会渐渐衰老，不再坚强，不再温暖，拥有一颗脆弱而敏感的孩子般的心。……我知道，我将永远学不会你守护我的方式，那么至少，到那一天时，请让我用自己的方式去守护你，我的母亲。”看到了她年少的萌动：“你曾经，是最美丽的天空。”“原来岁月太长，可以丰富，可以荒凉，能忘掉结果，未能忘记遇上。”

填报志愿是一次痛苦的选择，犹豫再三，她决定上北大的光华学院学习经济学。她一直喜爱的是中文，但我们也明白她选择的理由。熟悉的地方没有风景。一直都是安静的她，其实一直都是那么渴望远方，渴望去更高更远处飞翔。在自主招生面试时，她敏捷的思维、流利的表述，让北大教授们颔首赞许，打出了最高分。

袁晓可依同学，我能断定你和杨清嘉同学同样优秀，同时，你更有超越她的地方，比如有这样一位充满智慧和才华的父亲是你的最大幸福。他对事业的执着，对家庭的挚情，他的仁爱，他的博学……他是一本你永远也读不完的大书。

经过高中三年的历练与蓄能，你将展翅翱翔，你会比他们飞得更高、更远，我衷心地期盼着。

圣诞节恰巧是你的生日，双节重庆，其乐融融。

祝

身体健康，学业进步！

你的大朋友　彭尚炯

（彭尚炯，江苏省中学语文特级教师、教授级中学高级教师）

附：杨清嘉语文学习体会

## 红楼梦——我的琉璃世界

我看见过冬日里厚重的积雪在一刹那肆意消融，我看见过整个春天的花在一夜间悉数死去，我看见过三月新燕的春巢被秋风无情地打落，但我没有看见她。我梦见历史的尘埃落了又起，我梦见四季的繁花谢了又开，我梦见楼上的佳人去了又来，但我没有梦见她。

如果我是她经过的一泓清水，我是否可以映出她天然自成的风流；如果我是她拾起的一方丝帕，我是否可以擦拭她无人可知的哀愁；如果我是她裁下的一尺素宣，我是否可以寄托她奇丽动人的才思。

她——我的黛玉，我的潇湘妃子，我的清水芙蓉——在一个名为《红楼梦》的琉璃世界。



与她初见，我尚在总角之年。三年级，三千个常用字也认不齐全的我，为一本砖块厚的《红楼梦》着了迷。我沉醉于一个清爽无比的女儿世界，徜徉于一个用文字筑起的单纯梦境。红楼这一朵在人性深处绽放的汉语之花，更如同一个姹紫嫣红的芳菲园。那些水做的女儿们的一颦一笑，牵动着我的喜怒哀乐。在这百花齐放的大观园中，我最爱的，是黛玉。不为美丽，不为眼泪，不为才情，是为了年幼的自己也说不明的理由。

渐渐长大，慢慢品味，细细咀嚼，我便爱她更深。爱她的坚强，为报恩毅然坠落凡尘，只为将一世的眼泪回赠与他；爱她的执着，即使需处处留意、步步小心，她却从未将对爱的忠诚动摇分毫；爱她的纯洁，掩掩重门也遮蔽不了她的光辉，世道沉沦也不能污浊她的清冽。她就像一个荆棘丛中的舞者，每迈出一步都忍受着钻心彻骨的疼痛。而她所展示与我的，不是呻吟，不是仇恨，更不是妥协。

后来，我走进常熟中学的校园，开启了自己学习生命的盛夏。像歌里唱的，遇见白发的先生、漂亮的女生，睿智宽厚和灵透细腻，是恰当的组合。他们告诉了我很多，关于学习，关于红楼，关于人生。在月季芳菲的晴川园里，在香樟遮蔽的绿草地上，在盘旋着白色水鸟的延胜桥边，我一次次地徘徊，一次次地打开我的红楼，在别人的故事里落下自己的眼泪。我开始明白一些人，一些事，一个深藏于悲凉之雾背后的琉璃世界。

于是我从女孩儿们美丽的容貌看到了她们更为可爱的心灵，从一个家族的盛衰看到了一个社会兴亡的缩影，从“十年辛苦不寻常”看到了曹雪芹“纸上过日子”的执着，从《红楼梦》看到了语言中蕴藏着人类生活的全部记忆。黛玉，这位才冠群芳的女诗人，这个婀娜单纯的痴情人，这朵傲世高洁的芙蓉花，她所坚守的，就是一份纯粹和高贵，属于女子，也属于所有追梦人。

当弥漫的尘埃再次落定，当盛开的繁花化为春泥，当她终于放下手中的花锄，任碎落的花瓣随着流水去往不可知的远方；当她颤抖着拿起写满往日情思的诗稿，一页一页，一字一字，焚毁在晃动的烈焰里，让所有生的希望幻灭在自己的眼前；当她以干涸的双眸凝视这个冷漠的世界，以最后的力气割断仅剩的一丝对生命的留恋，我终于看清了我的黛玉，紧蹙的眉，带泪的眼，满身的伤痕，却坚守着这个琉璃世界的最高价值。

曹公十年梦，迷倒代代人。一部红楼，是一个人的乐园，是一个时代的缩影，是一个民族文化繁荣的高峰。爱黛玉，因为她给我感动；品红楼，因为它教我人生。琉璃世界白雪红梅，我愿长梦不愿醒。

（杨清嘉，2008届江苏省高考文科状元）

# 有的人只收获金钱，而有些人同时还收获梦想

王　典



可依：

你好！虽然我们从来没有见过面，但是我觉得已经和你很熟悉。因为在我同学、你爸爸的文字里，我们看着你一步步走来，从小时候可爱的模样逐渐蜕变为如今亭亭玉立的少女。收到你爸爸短信的时候，我正在工地上如火如荼地进行展厅的收尾工作：装灯、贴墙纸、铺地板、出样……我们的展厅是某个庞大的建材商城的一部分，这个巨大的工程要抢在19日完工（现已开业），所以从中庭望下去，只见忙碌的工人来来去去，尘土飞扬，一派热火朝天的场面。

你爸爸说希望我在你15周岁生日那天给你写封信，谈谈为人做事和学习。我理解他的苦心。15岁，应该是一个女孩子的成年礼吧，人生阶段的转换也伴随着思想的转换。你爸爸希望你在逐渐成熟的过程中有更多的收获，而作为我们来讲，显然有着更多的人生经验可以与你们分享，但也仅仅是分享。因为每个人的人生体验都是独特的，这只能由他/她自己来完成。

写这封信的时候展厅已经开业，所以才能静下心来给你写信。前段时间整天泡在工地上，加班加点，灰头土脸，嗓音嘶哑，自己开玩笑说过着狼和狈都已经不堪的生活，但是生活是充实的，也有蛮多的感触，这是平淡清闲的日子里所没有的感受。人生的话题，大得有些空泛，所以还是和你说说工地上的事情吧，算是从另一个视角窥见生活的一角。

在我看来，工地像一个巨大的魔术场，但准备过程却缓慢艰辛。任何一座富丽堂皇的宫殿在粉墨登场之前，都是粗糙灰暗的。我每天都在工地上逡巡，感受沉重的节奏下面隐含的激情与梦想。一个不相干的人是感受不到这种激情的。所以有人因为工地的杂乱和尘土唯恐避之不及，有人只会抱怨辛苦、麻木忍受，却不会在辉煌来临之际由衷地感到自豪。所以工地上的人和人其实也是不同的，有的人只收获金钱，而有些人同时还收获梦想。

在工地上，如果你手艺好，自然而然会得到尊重，因为每个人的工作成果一目了然，滥竽充数在这里是行不通的；在工地上，你必须要与别人协同合作，因为凭一个人，无法在规定的时间里完成相应的工作量不说，有些事情一个人根本没法做。可以说，工地上是比较纯粹的。但是我想这种规则其实到哪里都是适用的。一个有本事并且懂得合作的人到处都是受欢迎的。

我在大学时代以及之后很长的一段时间里，一直找不到适合自己的位置。我对工作挑剔得厉害，因为我只被其中具创意的部分吸引，却不愿意花时间在那些琐碎具体的事务上。但是从事室内设计的工作越长，越来越明白其“艺术和技术的结合”的本质，人也变得务实。到现在角色发生转换，也能适应得很好。这得感谢工地的生活，如果你亲眼见证一个工程是如何一砖一瓦、一锤一钉完成的，你会明白“万丈高楼平地起”的真正涵义。

最后，祝你生日快乐！圣诞节快乐！

王　典

（王典，无锡市民营企业家）

# 用最初的心做永远的事

榕树阿姨



亲爱的可依：

你好！我知道，平安夜于你是个特殊的日子。先送上祝福：生日快乐！

收到这个邮件，或许有些意外吧。先做个自我介绍：我是榕树阿姨，可依爸爸的好朋友，常熟石梅小学的校长。每年我也总与可依一样期待着平安夜的到来，因为12月24日也是我的生日。人生难得是缘分，与一个聪颖可爱的小姑娘同日生辰，我想这就是吧！不同的是，阿姨迎来的是37周岁的生日，而可依正当十五豆蔻好年华。

15岁，是一个美妙的年华，她有着含苞欲放的蓬勃，她也装着一书包沉沉的秘密，让小小的心田盛满世界的五彩缤纷。人生只有直播，没有预演，所以可依，你可要尽情享受并有责任地过好这只属于你和你的同伴们的花季，让走过的每一天都成为明亮的项链，成为今后人生回忆里少些遗憾值得珍藏的记忆。

今天阿姨选择了写生日信的方式来祝福你的生日——还有什么比我们同月

同日生这样美好巧合间的心灵沟通来得珍贵呢？

就说几个故事、几句话吧：

### 永怀生命的“初念”

有一位年老的富翁，非常担心他从小娇惯的儿子，虽然他有庞大财产，却害怕遗留给儿子反而带来祸害。他想，与其将财产留给孩子，还不如教他自己去奋斗。

他把儿子叫来，对儿子说了他如何白手起家，经过艰苦的考验才有今天。他的故事感动了这位从未出过远门的青年，激发了青年奋斗的勇气，于是他发愿：如果不找到宝物绝不返乡。

青年打造了一艘坚固的大船，在亲友的欢送中出海。他驾船渡过了险恶的风浪，经过无数的岛屿，最后在热带雨林中找到一种树木。这树木高达十余米，在一片大雨林中只有一两株，砍下这种树木经过一年时间让外皮朽烂，留下木心沉黑的部分，会散发一种无比的香气，放在水中不像别的树木浮在水面而会沉到水底去。青年心想：这真是无比的宝物呀！

青年把香味无以比拟的树木运到市场出售，可是没有人来买他的树木，使他非常烦恼。偏偏在青年隔壁的摊位上有人在买木炭，那小贩的木炭总是很快就卖光了。刚开始的时候青年还不为所动，日子一天天过去，终于使他的信心动摇，他想：“既然木炭这么好卖，为什么我不把香树变成木炭来卖呢？”

第二天他果然把香木烧成木炭，挑到市场，一天就卖光了。青年非常高兴自己能改变心意，得意地回家告诉他的老父。老父听了，忍不住落下泪来。

原来，青年烧成木炭的香木，正是这个世界上最珍贵的树木“沉香”，只要切下一块磨成粉屑，价值就超过了一车的木炭。

这是佛经里释迦牟尼说的一个故事，他告诉我们两个智慧：一是许多人手里有沉香，却不知它的珍贵，反而羡慕别人手中的木炭，最后竟丢弃了自己的珍宝；二是许多人虽知道希圣希贤是伟大的心愿，一开始也有成圣成贤的气概，但看到做凡夫俗子最容易、最不费工夫，最后他就出卖了自己尊贵的志愿，沦落成为凡夫俗子了。

人生的缺憾，最大的就是和别人比较。和高人比较，使我们自卑；和俗人比较，使我们下流；和下人比较，使我们骄满。外来的比较是我们心灵动荡不能自在的来源，也使得大部分的人都迷失了自我，障蔽自己心灵原有的氤氲馨香。

因此，佛陀说：一个人战胜一千个敌人一千次，远不及他战胜自己一次！

可依，我猜想十五年华，并在梁丰高级中学这样优秀学府求学的你，一定有着很多梦想。而实现梦想的路途必然是充满荆棘与坎坷的，必须要学会用忍让、用坚持来支持自己向梦想前行。彼时彼刻，可依，你一定要记得学会坚守自己的“初念”，用最初的心做永远的事！



## 如歌的友情

老舍先生和傅抱石先生是一对老友。

《铜荫图》是傅抱石先生的重要代表作。立幅，非常之长，四尺有余，完全是一幅写实主义和浪漫主义的杰作。傅先生很喜欢它，带回南京，常常挂出来欣赏。1953 年傅先生来京，闲聊中老舍先生谈到此画，深表爱慕。傅抱石先生闻言，大为感动。回到南京，他立刻将此珍藏艺术品托人带到北京，赠给老舍先生，还在绫子框上写了长跋，说明始末根由，竟是一篇美丽动人的散文。

如此珍贵的礼物，出手得如此平常、随意，传递的正是如歌一样清淡透明的友情。

可依，如果说爱情是窗前的月光，那么友情便是大地上的阳光，是人生不可缺少的重要部分。榕树阿姨很庆幸，因为工作认识了可依爸爸。他的才华横溢与清朗热诚，赢得了榕树阿姨学校好多老师的尊重、钦佩以及友谊。虽然我没见过你，但在你爸爸的博客的只言片语里，仿佛能见到你同样的心情朗润。我相信，DNA 是无法改变的生命传递，你也一定如你父亲一般拥有很多朋友。我相信这些朋友给你的生活带来了快乐与力量。

阿姨还想说的是，只有善良、温暖和心灵高尚的人才会有持久的友情。友情需要相互理解与尊重，需要相互修正与帮助。真正的友情意味着相互间心灵的升华、学习的促进。阿姨祝愿你能把你和朋友间的友情也演绎得如歌如水。当然还希望榕树阿姨也能成为你朋友中的一员。

最后，阿姨还想和你一起借契诃夫的文章《生活是美好的》，来做这样的假想：

要是你的手指头扎了一根刺，那你应当高兴："挺好，多亏这根刺不是扎在眼睛里。"

要是你有一颗牙痛起来，那你就该高兴："幸亏不是满口的牙痛。"

要是你考试失误了，那你也该庆幸："我以后不会再犯同样的错误。"

要是出门碰到了瓢泼大雨，你要学会感激："积攒多日的尘埃终于可以被冲洗。"

……

生活中难免会有不愉快，不过要使它变得美好却也不难。拒绝阴影的人，同时也将阳光挡在门外。乐观还是悲观仅仅是一个念头上的差别，却能造成两个世界的巨大不同。

可依，要永远相信生活是美好的，要永远心怀美好的梦想，和朋友们一起走向明亮的远方，这是与你同一天生日的榕树阿姨还有可爱的小熊对你最真挚的祝愿！

榕树阿姨

（榕树阿姨，全国优秀教师、江苏常熟石梅小学校长）

# 跋

## 我不是一个好父亲

袁卫星



我不是一个好父亲。在你出生的那一天，我居然在产房外面打了个盹，因此并没有听到你的第一声啼哭。这是你妈妈20多年来常常诟病我的一件事。我清晰地记得，1993年12月23日晚上，你妈妈肚子疼，有预产的征兆，我不放心她在乡镇医院生产，把她送到市立医院，找了熟人排上号，办完一系列入院手续，就开始产前检查：听胎心，量血压，抽血样，做B超……这期间，我跑上跑下、跑前跑后无数次，快跑断腿，但不觉得累，一方面是对你这个新生儿的期盼，另一方面是你妈妈的阵痛揪着我的心。那种撕心裂肺的疼痛，只有你妈妈才能感受得到。我能感受到的，只是她牢牢攥着我的手，把我的手都攥破了。医生问：剖宫产？不！你妈妈的回答是干脆的。医生又问：打催产针？不！回答还是干脆的。你妈妈私下里早就和我议过，为了你今后的健康成长，再多的苦痛她也愿意承受。守在你妈妈身边，看着她左右翻身、深呼吸、怕影响邻床产妇忍着剧痛努力不叫出声，其实我的心里也很疼。就这样犹如战斗一般，我在一眼没合、你妈妈在痛楚难当之中过了一天，到了24日晚上，也就是平安夜，你妈妈阵痛的频率开始改变，8分钟1次，6分钟1次，3分钟1次，1分钟1次……那是宫缩。医生过来检查了一下说：羊水快破了，去产房吧！于是我和你奶奶扶着你妈妈进了产房。那时候公立医院的产房里是不允许家属在旁边助产的，因此，我和你奶奶被挡在了产房门外。几个小时里，只听到里面你妈妈痛苦的呻吟和助产医生作出的各种指令。那时候的你还真是不配合，攒足了劲就是不肯出来。你妈妈像一名勇敢的战士，一个人在产房里战斗，发起一次又一次冲锋。一阵撕心裂肺的努力之后，会有精疲力竭的一刻。也就是在你妈妈呻吟渐弱、蓄养精力的一个间歇，我倚在产房门外的墙上打了个盹，迷迷糊糊中看见你像个小精灵，跳着笑着向我们走来，我伸出手去迎接你拥抱你的当口，你奶奶猛然间把我唤醒：“生了，生了！我听到孩子的哭声了！”那时候，我恨不得冲进产房，把你高高地举过头顶，向全世界宣示你的到来！

我不是一个好父亲。尽管我三番五次想过，今后要是哪个臭小子敢欺负你，我一定打断他的腿，但我自己却在你即将上幼儿园的那一天弄折了你的脚。那天，我和你妈妈陪着你上街去买五颜六色的文具，你妈妈计划带你坐公交，而我见公交拥挤，非得返家去推了自行车来驮你。你坐在老式笨重的自行车前杠上，我骑得太“潇洒”，而你又太“调皮”，在一段摇摇晃晃的上坡路之后，你的小脚不经意间伸进了正在转动的钢圈里，于是骨折。你没有哭，倒是你妈妈急得哭了。上医院急诊，拍完片，医生给你打石膏，问疼不疼，你咬着薄薄的嘴唇摇摇你的小头。护士给你打针的时候，平素最怕打针的你依旧不哭，只是央求护士：“阿姨，你帮我打轻点好不好？”当时，我的眼泪都快掉下来了。后来，也还是这辆老式笨重的自行车，吱吱嘎嘎驮着你，把你从幼儿园驮到小学。每天的放学路上，你总是叽叽喳喳说个不停，而我也能一心两用，一边乐滋滋地听着，一边小心翼翼地避过路上数不清的坑坑洼洼。直到有一天，你上了初中，回来和你妈妈说，想自己买一辆自行车骑，因为其他同学也多是自己骑车了。于是我手把手教会了你骑车，并且在若干个你不知情的清晨和黄昏，远远地跟着你骑了多少个来回，才真正松手。再后来家里买了汽车，你妈妈要把我那辆老式笨重、锈迹斑驳的自行车从家中搬走，我极不情愿，你劝我道："爸，别担心，那辆车每天晚上都在我梦里出现呢！我坐在后面，您把车轮蹬得飞快……"

我不是一个好父亲。从小到大，很多时候，都是你妈妈和你奶奶在陪伴你，而我，常常用"工作忙"这个苍白的借口为自己开脱。大概在你4岁的时候，你对夜空里一闪一闪的萤火虫很感兴趣，可是我没有耐心回答你它们究竟是不是天上的星星碎了，所以才飘落一地；你也没有机会靠近它们，听听它们彼此在说些什么。大概在你5岁的时候，你对窗外浅唱低吟的蟋蟀很感兴趣，可是我没有时间向你解释它们是如何唱歌的，并且无论如何不肯答应你半夜走到自家的院子里去，问问蟋蟀这个问题。大概在你6岁的时候，你对家里上蹿下跳的蟑螂很感兴趣，可是忙碌的我既不能满足你的求知欲，也没有抓一只在我看来恶心到了极点的实物来和你一起认真观察，仔细研究。你感兴趣的东西还有彩色纷飞的蝴蝶、访花酿蜜的蜜蜂、引吭高歌的知了、神兵天降的蜘蛛、吐丝结茧的蚕宝宝……因为我自身兴趣和能力的缺陷，我也没能带你一起去获得音乐和舞蹈中美的体验、武术和游泳中驾驭自己身体的快感、美术和书法中妙手偶得的乐趣……甚至有那么两年，我为了所谓的"事业"，离开咱们家居住的城市，到外地工作，很少回家。你在题为《最快乐的日子》的作文里写道："每个月末是我们家最快乐的日子，在外地工作的爸爸总会赶几百公里路回家。他和往常一样没带家里的钥匙。当他按响门铃的时候，我和妈妈抢着去开门。门开了，可是门口没有人。当妈妈疑惑地就要关门的时候，从楼梯拐角处传来一声猫叫，我一听，肯定是爸爸装的，就蹑手蹑脚地走出来，把他逮了个正着！进到家来，爸爸把背着的电脑往书桌上一放就嚷开了：‘弹钢琴，弹钢琴，快弹钢琴！’我装作没听见，在屋子里走来走去。爸爸突然间奔过来，把我抱住，冲着我的耳朵作大声嚷嚷状，我赶紧说：‘弹钢琴，弹钢琴，快弹钢琴！可是钢琴小姐刚才陪我练了那么长时间，她和我说她累了，她要盖上盖子睡一会儿。’爸爸笑了，说：‘那我去把她叫醒，我去告诉她，让我们可依弹完一曲就请她去吃肯德基！’说着，放开我，走到琴房把钢琴盖子打开，敲出几个乱七八糟的音符来，说：‘可依，你听，她答应了！’我笑了，走过去认真地弹了几曲，爸爸听得陶醉了。其实爸爸不说我也会为他弹，我只是和他闹着玩……”我珍藏着你的这篇作文，时时提醒自己：什么事业有比做一个好父亲更重要呢？

一位诗人说过这样的话：世界上许多事情都可以等待，唯有孩子们的事情不能等待，因为孩子的名字叫“今天”。人的一切都是从童年开始的。童年的快乐是一生快乐的源头，童年的不幸是一生不幸的开端。

而当我逐渐明白这些的时候，你已经快10岁了！我错过了你差不多一半的童年！亡羊补牢，我唯一做到的，就是以我拙劣的口才，用“上课”的形式，来和你作人生的探讨；就是以我粗糙的文笔，用“家书”的形式，来和你作情感的交流。现在，10多年又过去了，回听这些“课堂”的录音，回看这些粗糙的文字，我的感受仍然是遗憾。因为我现在才明白，爱要大声说出来；父爱，也是要淋漓尽致表达的。

那么可依，让我在这里郑重地说一句：你是我上辈子的情人，这辈子的女儿，下辈子的宝贝！我爱你，永远！

于姑苏依云水岸